AF247195

8°G
9437

BIBLIOTHÈQUE NATIONALE
R.F.
IMPRIMÉS

La France au-dessus de tout

8° G
9437

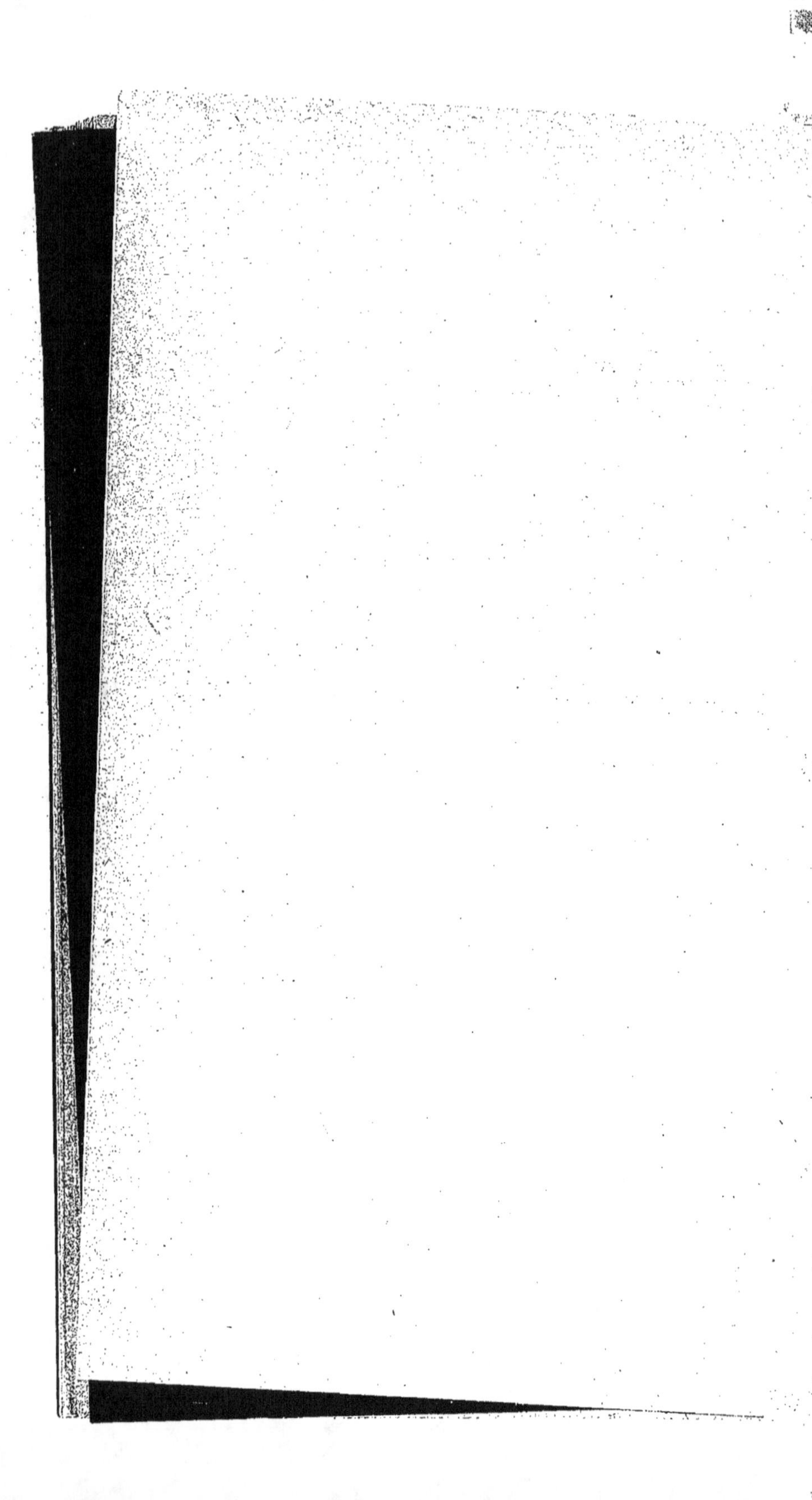

La France au-dessus de tout

LETTRES DE COMBATTANTS

RASSEMBLÉES

ET PRÉCÉDÉES D'UNE INTRODUCTION

PAR

RAOUL NARSY

Rédacteur au *Journal des Débats.*

PARIS

BLOUD ET GAY, ÉDITEURS

7, PLACE SAINT-SULPICE, 7

1915

Tous droits réservés.

INTRODUCTION

Ce ne sera pas, pour l'analyste des mœurs, une des moindres surprises de cette guerre, si fertile en leçons, que l'allègre héroïsme, que l'enthousiaste don de soi, et le quasi-inconscient esprit de sacrifice des troupes qui, depuis six mois, contiennent sans faiblir l'assaut de notre formidable agresseur, usent sa puissance, après avoir brisé son élan et escomptent hardiment l'heure prochaine où se consommera sa perte.

Chose admirable, c'est d'elles, chez qui les difficultés, les souffrances, les vicissitudes d'une lutte gigantesque eussent justifié le fléchissement physique ou moral, le découragement ou la lassitude, c'est d'elles que nous sont constamment venus le réconfort, la mâle confiance, les plus salutaires exemples d'endurance et de magnanimité. Sa sereine énergie, son inflexible résolution, ce pays les doit à ses soldats bien plus qu'il ne les leur communique et il est tout à fait vrai que, comme on l'a dit : « plus on est près du front, plus on est optimiste ». Si l'anxiété ou le doute morose vous effleure un instant, parmi les péripéties d'une action lente, traversée de succès et de revers, il suffit de prendre contact avec un des combattants qui y sont mêlés, pour vaincre les inquiétudes déprimantes et dominer, d'une espérance raffermie, les sollicitations de l'impatience ou la torpeur de la pusillanimité. Une puissance de certitude émane de ceux qui reviennent des champs de bataille, et chacune de leurs paroles est une assurance de victoire.

C'est là ce qu'attestent, avec une plénitude magni-

fique, toutes les lettres que nos soldats adressent à
ceux qui leur sont chers. Qu'elles soient écrites sous
le feu meurtrier de l'ennemi, dans l'attente ou au lendemain du combat, à l'abri d'une tranchée ou sur un
lit d'ambulance, elles rendent toutes le même son et
respirent toutes la même contagieuse ardeur.

* *

Louons, sans réserves, la famille qui, la première,
retrempée à la lecture de la lettre d'un des siens, voulut partager avec nous tous le réconfort qu'elle y avait
puisé. Elle a donné le plus patriotique exemple, le plus
fécond, aussi, par l'imitation qu'elle a suscitée. Rien
assurément n'a aidé davantage à l' « Union sacrée »,
à la démonstration de la solidarité nationale que la
publication dans la presse de ces lettres qui n'étaient
pas destinées à la publicité. On les a lues d'abord, avec
la curiosité, avec l'émotion que devaient provoquer, en
des heures tragiques, des documents de cette sorte,
avec une admirative gratitude à l'égard de ceux qui
nous rendaient le sentiment de notre antique valeur ;
on s'accoutuma bientôt à y rechercher autre chose
que l'intérêt des épisodes ; elles furent un ferment
d'énergie, l'élément le plus ferme de notre tenue morale. Ces héros souriants, quelle leçon de civisme ils
nous donnent et comment ne rougirait-on pas de se
montrer indignes d'eux ! Ce pays se sentait vivre,
sentir, avec et par ses armées. Être fier d'elles, c'était
se reconnaître à son esprit, mais dès lors, c'est se
modeler sur lui. Telle est la vertu de ces lettres de
soldats ; elles sont un rappel d'idéal et une leçon de
grandeur d'âme.

Il a paru que l'effet en pouvait être prolongé pour
le plus grand bénéfice de tous.

Éparses dans un grand nombre de périodiques,
elles invitaient naturellement à une anthologie ; mais
rapprochées et rassemblées, elles prennent une valeur

nouvelle, celle d'une coopération qui décuple leur profondeur d'accent. Elles sont le chœur pathétique qui répercute la solennelle consonnance des voix françaises. Attester cet émouvant unisson, en fixer le moment grandiose par quelque vestige durable suffiraient déjà à justifier un florilège de lettres de nos combattants. Mais, ce n'est pas la seule impression salutaire que l'on retirera de leur lecture et j'invoque, pour le dire, ma propre expérience.

**

Les lettres qui composent ce recueil ont été réunies sans aucune préoccupation, sans aucune prévention particulières. Recueillies un peu partout, au hasard des lectures quotidiennes, — car fort peu sont inédites — le seul motif qui les ait fait distinguer, c'est leur intérêt et leur caractère de véracité, l'importance des faits qu'elles relatent, la richesse et la spontanéité du sentiment qui s'y exprime. Elles ont fait passer l'auteur de ces lignes par toutes les phases qu'il indique : la curiosité, l'émotion, la fierté patriotique, l'émulation de hauts exemples si simplement donnés. Puis, en les relisant, il y a reconnu autre chose qu'il voudrait que ceux qui les parcourront après lui y trouvassent à leur tour.

Ces lettres offrent d'abord une image intense de la guerre ; image pleine de variété, de mouvement et de vie, qui a toute la force de la chose vue et toute l'autorité du témoignage de qui peut dire : « J'étais là. Telle chose m'advint. » Elles constituent pour l'histoire, un inappréciable document.

Pour le moraliste et le sociologue elles ne sont pas d'un intérêt moins vif. Écrites sans apprêt comme sans calcul, empruntées à tous les degrés de la hiérarchie sociale, à des gens de tout état, et de toutes opinions, elles reflètent l'âme de ce pays, dans la crise qui, en tendant toutes ses énergies, accuse plus fortement tous ses traits caractéristiques. Elles détaillent, par mille ébauches éparses, elles résument en mille aspects complémentaires, la physionomie de la France d'aujourd'hui, tenace dans l'effort, vaillante dans le danger, une devant le devoir.

Mais, de cette France, qu'elles expriment dans un moment de la durée, elles attestent encore la continuité dans le temps. Ces traits multiples, qui la silhouettent dans ce qu'elle a d'immédiat et d'actuel, qui composent sa figure de l'heure présente, définissent encore par surcroît ce qu'elle a de permanent, d'essentiel et de profond. A ceux qui la disaient dégénérée, il faut opposer ces lettres de soldats, de ces soldats qui sont la nation même. Leur magnifique intrépidité, leur endurance stoïque, leur souplesse d'adaption, leurs dons d'initiative, leur esprit de sociabilité et d'entr'aide, leur générosité, leur bonne humeur, toutes ces qualités qui convergent sur l'heure en vertus militaires, ce ne sont pas seulement celles d'un temps, ce sont celles d'une race ; ce sont celles de la France, chevaleresque, avisée et généreuse ; de la France toujours identique à elle-même, en dépit de quelques apparences, des compagnons de Joinville aux soldats de Joffre.

C'est pourquoi la lecture de leurs lettres est si salutaire.

Elles nous révèlent fièrement à nous-mêmes ; elles nous rendent plus cher ce patrimoine moral que le temps n'a pas amoindri, et pour l'intégrité duquel tant de simples héros sont prêts à tout souffrir.

Elles nous offrent le spectacle, qu'exaltait Bossuet, d'une « âme maîtresse du corps qu'elle anime ». Encore, ce spectacle, l'illustre orateur semble-t-il ne le reconnaître que dans une élite. Cette fois, c'est toute l'armée qui est cette élite ; cette fois, l'élite, c'est toute la France.

RAOUL NARSY.

LA FRANCE AU-DESSUS DE TOUT

I

COMMENT ILS PARLENT

La bataille vue par un héros.

Notre vie, nous sommes toujours prêts, si la France
en a besoin, à la donner tout de suite. C'est ce qui
arrive à beaucoup d'autres, à beaucoup trop d'autres
en ce moment-ci. C'est ce qui est arrivé entre autres
le..., trois quarts d'heure avant que je sois moi-même
descendu, à un pauvre vaillant capitaine d'artillerie qui
marchait près de moi avec la batterie.

Il était radieux ; nous venions de faire de la bonne
besogne, et de démolir avec ses pièces plusieurs canons
ennemis, en face de nous, dont les caissons avaient sauté
en feu d'artifice. Sa gaieté a été brusquement coupée
par une réponse inattendue et d'une précision impres-
sionnante.. Une salve d'obus passant par-dessus ma
tête est venue s'abattre juste à ses pieds. Un éclat mons-
trueux lui a traversé la poitrine par le cœur. Il a fait :
« Ah ! mon Dieu ! » Son adjudant a dit : « Je suis foutu ! »
Un des pointeurs a exhalé son âme dans un énorme
soupir prolongé qui était un gargouillement dont j'ai
encore le bruit dans les oreilles. Tout cela en beaucoup
moins d'une seconde, dans une clarté de tonnerre aveu-
glant. Je me suis retourné, persuadé que c'étaient nos
propres obus qui venaient d'éclater dans les pièces. Les
trois hommes étaient alignés côte à côte, les mains

sur les hanches, comme à la parade, mais ils étaient étendus tout du long sur le dos et avec, sur les visages dont les yeux brillaient encore, un air de calme et de repos que je reverrai toujours. D'autres servants, appuyés contre les roues ou tombés sur les genoux, se tenaient les deux mains pressées sur des plaques pourpres qui avaient été, l'instant d'avant, leurs figures, retenant mal des nez, des yeux, des dents et des hoquets d'atroces souffrances. Ces tableaux sont épouvantables et grandioses comme tous les holocaustes librement consentis à l'idée de la patrie qui ne prend visiblement sa forme qu'à ces instants de tragique beauté.

Pour ma part, je n'avais pas une égratignure. Mon tour ne devait venir qu'un peu plus tard. Les premiers bataillons de ma batterie dépassaient la batterie démontée, et se lançaient à la charge sous une véritable voûte d'obus et de marmites que construisaient pour eux, de face et de flanc, les batteries ennemies. Je n'avais pas le temps de méditer sur le petit événement qui venait d'attrister ce coin du champ de bataille et de m'arracher deux larmes des yeux. Il me fallait me rendre à mon poste de commandement, au milieu des soldats dont les lignes avançaient. Ce ne fut qu'un assez long temps après que je m'aperçus que je marchais avec mon képi à la main. Chose bizarre, tout en accomplissant machinalement le rite de mon commandement au combat, veillant sur le maintien du dispositif d'attaque, conformément à ma fonction, c'était surtout le corps du pauvre capitaine R... et de ses adjoints que je voyais et c'était cela que, irrésistiblement, je saluais en me découvrant. Cette espèce de hantise fantomatique a persisté plusieurs minutes, peut-être dix, peut-être plus. Puis elle a été emportée par les explosions d'obus qui se succédaient plus rapides et précipitées, faisant d'autres hécatombes, brossant d'autres tableaux de mort et de beauté, me ramenant brutalement aux réalités immédiates. Car, l'immédiat à la bataille, c'est ce qui arrive, ce n'est déjà plus ce qui vient d'arriver.

Mais, aujourd'hui encore, un grand mois écoulé, chaque trait du tableau de la batterie R..., à la seconde du foudroiement, se replace fidèlement à sa place sous mon regard qui évoque ; j'entends encore une voix (c'était la mienne) : « Eh bien ! capitaine ? » J'observais à la lorgnette un point que je venais de lui indiquer à canonner, et m'étonnant de n'avoir pas encore entendu parler ses canons derrière moi, j'en faisais, sans me retourner et sans cesser de regarder, l'observation. Et une autre voix (c'était la sienne), quelques secondes après : « Ah ! mon Dieu ! » Il n'était déjà plus... Entre les deux interjections, la mort avait passé, foudroyante et bienheureuse, puisqu'il ne l'avait pas sentie. Mais si promptement que l'âme lui eût été arrachée, le grand cri suprême poussé par le pauvre capitaine foudroyé montre qu'il eut encore le temps de la rendre au maître de toutes choses.

Cette toute petite scène vécue sur un point minuscule de l'immense champ de bataille eut la durée d'une fulguration, que d'autres instantanés semblables avaient précédée, que d'autres allaient suivre. Imaginez-la, répétée à des centaines d'exemplaires, sans trop grandes variantes, sur toute l'étendue de la zone où les deux armées s'étreignent, et vous aurez une vision approchée du tableau de guerre brossé par le combat moderne.

N'allez pas vous figurer que l'œil y découvre des masses bigarrées de soldats qui s'avancent en troupes serrées les unes contre les autres jusqu'à ce que les baïonnettes soient croisées, suivant le cliché traditionnel... pour les civils ! Votre représentation serait complètement erronée. Il faut un œil très exercé pour apercevoir des hommes pendant le combat. Quand enfin on en a vu quelques-uns, subitement dressés comme diables jaillissant de la boîte à surprises, ce n'est jamais que pour quelques secondes et la vision rentre dans la terre aussi brusquement qu'elle en a jailli ; mais si, à ce moment, au lieu de laisser le regard fixé sur le point où elle vient de s'évanouir, attendant qu'elle revienne, vous le déplacez vers la droite ou vers la gauche, vous voyez la même apparition se reproduire dans les mêmes conditions d'instantanéité. On croirait que le terrain a été à l'avance semé d'appareils à éclipses représentant une file de silhouettes à intervalles

et qui auraient la faculté d'avancer lentement, soi
pendant qu'elles sont visibles, soit pendant qu'elles n
le sont pas. Au bout d'un long moment de cette obser
vation et quand notre œil, s'étant accoutumé, com
mence à percevoir des détails, il remarque de-ci de-là
un peu partout, des petits tas clairs ou sombres, mai
tranchant sur le vert de la prairie ou le jaune des champs
Ceux-là restent toujours visibles et, de plus, immobile
dans la même position. Ce sont les silhouettes cassées
ce sont les morts... c'est tout.

Par exemple, ce n'est pas pour l'audition comm
pour la vision, et les oreilles n'ont pas besoin d'êtr
exercées pour entendre un tintamarre diabolique com
posé d'une quantité ininterrompue de claquements sec
comme ceux que produiraient une multitude de fouet
violemment secoués. Ce sont les coups de fusil, ponc
tués à chaque seconde par les explosions stridentes o
graves des obus et marmites dont le bruit est infini
ment moins monotone et agaçant que celui des mitrail
leuses et des fusils.

J'ai souvent pensé que la représentation la plus appro
chée qu'un non combattant pourrait s'offrir d'un cham
de carnage — locution usuelle — pendant l'actio
consisterait pour lui à se placer tout contre un bon pian
dont le clavier serait tenu par un virtuose jouant pres
tissimo un grand air guerrier, et à regarder, par l
tablette soulevée, monter et descendre à l'intérieur d
la caisse les petits marteaux de bois et de cuir frap
pant les cordes sonores. Cependant que les autre
artistes de l'orchestre, armés de grosses caisses et d
castagnettes, agiteraient frénétiquement celles-ci o
taperaient comme des sourds sur celles-là.

Vous voyez comme c'est simple et peu mélodieux
L'harmonie du combat et sa grande poésie ne sont pa
dans sa musique, non plus que dans le spectacle for
peu animé somme toute qu'il offre aux regards. Elle
sont tout entières à un degré extrêmement élevé dan
la notion du sacrifice total et permanent que consen
volontairement chacun des combattants et qu'il consen
avec une allégresse soutenue.

Préférer quelque chose à sa propre vie et donne

celle-ci pour que ce quelque chose, c'est-à-dire l'existence de la patrie, soit prolongée, voilà bien la cantate
la plus magnifique qu'un musicien génial qui serait
aussi un poète inspiré puisse composer pour l'enchan-
tement des hommes. Eh bien ! ce grand poète et musicien, c'est chaque soldat pendant le combat ; et l'as-
semblage de toutes ces lyres dont chacune donne son
plus beau chant, sa note la plus suave quand elle se
brise, c'est cela l'orchestre formidable, l'orchestre
élyséen de la bataille qui rugit et que les dieux écoutent
empoignés...

Lettre citée par M. Maurice Barrès,
Echo de Paris.

Lettre d'un instituteur soldat à ses élèves.

Monsieur le directeur,

Je vous serais bien obligé si vous vouliez avoir l'ama-
bilité de lire aux élèves de ma classe, auxquels je
pense souvent, les quelques lignes suivantes, écrites
entre deux feux, et que je considère comme un gage de
reconnaissance, en souvenir de leur affection.

« A mes très chers élèves,

« Vous souvient-il, mes amis, des derniers jours
de classe de l'année scolaire écoulée, lorsque tous
les esprits se demandaient, dans une angoisse toujours croissante, ce qu'il adviendrait du fol orgueil
allemand ? Vous souvient-il aussi des paroles émues
de votre maître, quand, mettant à votre portée les
conséquences désastreuses d'une guerre actuelle, il
exaltait en vous les bienfaits de la paix ? Vous souvient-
il enfin, à l'heure même où nous nous quittions, du
moment de surprise qui serrait tous nos cœurs à
l'annonce de la mobilisation générale ? Depuis lors,
sans trop comprendre, mais sachant bien que c'était
pour la France, pour cette France chérie, que vous
adorez, vous avez vu partir, une larme dans les yeux,
vos frères, vos parents ; vous avez vu des mères éplo-

rées rester seules au foyer tandis que vous, curieux, contents, vous chantiez en accompagnant à la gare les défenseurs de la patrie. Ils sont partis là-bas, vers cette frontière de l'est où tous les regards français se tournent, où vous cherchez constamment à deviner les positions respectives des armées qui combattent : la carte supplée à votre mémoire et les victoires vous enthousiasment.

« Les jours passent, jours de souffrance, pour ceux qui luttent, jours de douleurs, pour ceux qui attendent, jours d'espoir et de confiance en la victoire, pour tous.

« Je vous vois souvent réunis en petits groupes, discutant à grands cris à l'aide de « si » et de « peut-être ». Je vois les cafés calmes, la placette vide, la plage morne et, dans les rues, quelques rares passants parlant des leurs. Vous constatez, un matin, que le prix du pain augmente. Pourquoi cela, dites-vous ? C'est la guerre, mes enfants ! Car la guerre, ce n'est pas seulement le vide dans les campagnes, la tuerie aux frontières ; la guerre, c'est surtout la faim et la maladie.

« Voici plus de deux mois que cela dure, et cela durera peut-être longtemps encore ; longtemps, vous lirez les journaux ; longtemps, vous irez aux écoutes, autour de rares groupes commentant les faits d'armes ; vous verrez des blessés revenir au pays pour se remettre et repartir ; vous courrez après eux pour les interroger, pour savoir. Vous verrez des émigrés pour lesquels vous serez bons. Vous verrez des ennemis prisonniers : peut-être leur adresserez-vous de grossières paroles, parfois imméritées. Pendant ce temps, le soldat français luttera encore pour son indépendance et pour sa liberté, car les Allemands, dont les desseins vous sont connus, n'épargneraient point votre race, et vous seriez, s'il ne tenait qu'à ces bandits, égorgeurs de femmes, d'enfants et de vieillards, dévastateurs de tout ce qui peut rappeler la France dans sa science et son art immortels, incendiaires, ravageurs de villages, vous seriez leurs esclaves, sous le joug de leur botte.

» Les soldats de France luttent pour le progrès, ne

l'oubliez pas ! A vous de le comprendre, de vous en pénétrer et de ne l'oublier jamais !

» Dans cette classe, qui m'est si chère, vous êtes réunis autour d'une maîtresse qui vous inculquera, en ce moment difficile, l'amour de la patrie. Soyez, comme je l'espère, des élèves attentifs. C'est un soldat de France qui vous le dit. Travaillez! Votre patriotisme est là ; plus vous serez éclairés, mieux vous comprendrez.

» Votre maître d'il y a trois mois pense à vous au milieu des batailles, lorsque les balles sifflent à ses oreilles, lorsque les obus l'environnent. Parti lui aussi, il a laissé une famille ; lui aussi a vécu la minute angoissante du départ ; il vous a vus en grand nombre à la gare lors de son passage ; il défend son pays ; il sait que votre pensée le suit. Plein de courage et d'espérance, il vous dit : « Au revoir ». Il espère vous retrouver grandis de cœur et d'âme, comme le seront les Français de l'avenir.

» Honorez les morts et secourez les blessés ; secourez les malheureux, respectez les ennemis ! Vous qui tournez les regards vers la frontière, où d'autres accomplissent leur devoir, soyez obéissants et travailleurs pour accomplir le vôtre. Les combattants vous béniront, et votre maître, y trouvant la récompense qu'il attend de vous, sera fier de lutter encore, fier de mourir, s'il le faut. »

(Citée par le Temps.)

La Patrie au-dessus de tout.

Dites donc, madame mon amie, il me semble que vous me faites une diable de morale ! En lisant votre lettre je reconnaissais les phrases mêmes et les idées de ma femme. Pauvre chérie, vous savez, vous, combien je l'aime, quelle adoration profonde j'ai pour elle et ce que je ferai pour lui éviter une peine, un chagrin, un ennui, un pleur même. Je l'aime, quoi, sans phrase. Mais aujourd'hui il y a quelque chose d'indéfinissable, qui est au-dessus de tout, c'est quelque chose d'idiot et de sublime, un mot vide de sens quand on l'analyse, sublime quand on le prononce : Patrie. Non, soyez tranquille, je n'ai jamais inutilement et pour le simple plaisir de le faire, couru au-devant du danger. J'ose dire que je ne l'ai jamais fui, et c'est tout. Je suis médecin et sais ce que cela veut dire et quels sont les services que je dois rendre. Mais je ne suis pas médecin d'ambulance, c'est-à-dire celui à qui l'on amène les blessés, qui est chargé de les soigner un peu mieux que sur le champ de bataille même, de les évacuer par l'arrière et de toujours se mettre, lui et ses blessés, à l'abri des coups, et c'est son rôle. Le mien est beaucoup plus modeste : simple médecin d'un régiment de cavalerie, je vais avec mon régiment partout où il va, et dans la mesure des faibles moyens dont je dispose, je soigne tout de suite nos blessés, j'essaye de les mettre à l'abri en attendant que les brancardiers de l'infanterie puissent faire la relève, je les recolle à cheval si c'est possible... Je fais ce que je peux, mais je ne peux pas toujours beaucoup, hélas ! Et plus d'une fois, j'ai dû, la rage au cœur, abandonner derrière une meule de paille un de mes pauvres petits blessés... Pauvre type destiné à être fait prisonnier ou achevé par l'ennemi ! Dame, si ce rôle est, je vous le jure, passionnant, il offre évidemment quelques dangers. Vous ne voudriez cependant pas me voir faire la guerre à l'hôpital Saint-Martin ou au Val-de-Grâce? Et puis, et puis, tant pis, nous sommes à une heure telle, nous vivons une page si tragique que nous devons tous faire tout notre devoir, et quand on fait plus que son devoir, je ne sais même pas si on l'a fait assez! Ah ! je sais bien, il y a ma femme que j'adore, ma petite Jeannette, mes amis. J'y pense avec une émotion profonde quand, comme aujourd'hui, j'écris au coin du feu, mais j'arrête cette pensée de mon cœur quand je suis au feu. Je l'arrache en même temps que la peur. Eh ! oui, la peur, je n'ai aucune honte à l'avouer. La bête proteste et veut f... le camp Il ne faut pas dans ces moments-là penser à ceux qu'on aime... On se cramponne un bon coup au pommeau de la selle, on se secoue, on salue en rigolant l'obus qui éclate, on lance une bonne blague, un mot joyeux et l'on... rassure ceux qui sont près de vous et qui vont peut-être mourir... Et c'est là mon rôle de médecin et d'officier.

(Citée par le Temps.)

« Défendre Maman ».

Comines, le 18 septembre 1914.

Cher Monsieur l'Abbé,

Écoutez ceci : je m'engage comme interprète anglais-allemand le second jour de la guerre. Sachant tirer, monter à cheval, aller à bicyclette, moto, conduire une voiture et faire 50 kilomètres à pied, s'il le faut, je pense être pris ; on me refuse faute de place. Ils avaient assez à faire avec les mobilisés, paraît-il. Comines étant en péril, je conduis maman en Angleterre ainsi que ma petite sœur. Au retour me voilà bloqué, je reste à Boulogne avec M. Jenart, qui a été fort gentil, et je suis accepté dans une ambulance. Je parviens enfin à retourner à Lille, où j'apprends le passage des Allemands et la réquisition par eux d'une de nos autos. Me voilà maintenant rentré à Comines et j'attends mon départ pour l'armée.

Voyez-vous, je voudrais tant partir au feu ! J'aurais tant voulu m'engager une seconde fois ! Peut-être m'auraient-ils pris. Jean est à Saint-Astier, où il s'exerce, et moi je ne fais rien ! Sitôt arrivé au régiment, je pourrais demander à partir pour le front. Ce serait si beau de faire une de ces charges à la baïonnette que craignent si fort les Allemands et au besoin de mourir — à dix-neuf ans — pour la France !

Si je n'allais pas au feu, jamais je n'oserais reparaître aux Roches. Que me diraient mes jeunes camarades en apprenant que je n'ai pas pris part au danger, que je ne suis pas accouru pour défendre Maman, comme disait Regnault en 70 ? Ah ! que j'envie ceux qui se battent, qui sont blessés, qui meurent ! Pourquoi diable ! ne m'a-t-on pas pris tout de suite ? Enfin rien n'est perdu...

(Cité par l'Ecole des Roches.)

Sur le « qui-vive »

Entre les deux batailles (j'en ai déjà vu deux confortables) on change de place, on étudie des positions, on bouge la nuit, on dort quand on peut, dans un fossé, sous une voiture, ou pas du tout. On trouve à boire heureusement et on acquiert un flair épatant pour la découverte des sources. Naturellement, nous ne savons jamais cinq minutes à l'avance si nous allons rester là où nous sommes ou bien repartir brusquement. Les ordres arrivent, laconiques, et on les exécute, sans qu'il soit possible de comprendre le plan général.

Cet état de perpétuel sur le « qui-vive » est cause qu'on n'a pas le temps de se laver, et la saleté la plus repoussante est notre apanage. Ce qui m'étonne, c'est qu'aucune épidémie ne s'en mêle. Il faut croire que le grand air purifie tout. On gèle la nuit, on étouffe le jour, mais on ne s'enrhume pas! On cuit la viande sur des bouts de bois comme des sauvages. On passe quelquefois deux repas sur trois, parce qu'on n'a pas le temps de les cuire, et l'on ne touche pas aux conserves, car on sent trop qu'elles pourraient être plus utiles une autre fois.

Quant aux combats, c'est exactement ce que je croyais. Un bruit infernal, des chevaux au galop avec des officiers portant des ordres (c'est mon rôle). Les obus éclatent de tous les côtés, mais il y en a tellement qu'on n'y fait plus attention. Les animaux eux-mêmes ne bronchent pas, ce qui prouve bien que ce n'est pas héroïque de rester calme. Je me suis dit tout de suite : « C'est une simple affaire de veine, et moins on réfléchit, mieux cela vaut, car réfléchir est une fatigue, et l'on en a d'autres à supporter ». Donc du matin au soir, on se balade dans le danger, on voit des blessés, des égarés qui sont abrutis. On ne s'en inquiète pas si on est pressé ; on les aide tranquillement si on a le temps.

Nous vivons à une époque tellement spéciale, que pour en souffrir le moins possible il faut se faire une mentalité nouvelle, adaptée aux événements. La guerre est barbare. Rappelez-vous les récits antiques et façonnez-vous l'esprit à la manière des sauvages. Ne pensez aux autres que lorsque vous aurez des heures de tranquillité. Dites-vous que vous n'aurez plus de nouvelles, et vous aurez double plaisir à en recevoir, au lieu que si vous en attendez, vous serez toujours déçue.

Pour ma part, cela me réussit admirablement, et je me sens encore solide comme un roc. Quand j'ai cinq minutes, je dors n'importe où ; quand je trouve de l'eau dont je suis sûr, je bois. Quand je sais que la nourriture du lendemain est arrivée, je finis de manger celle de la veille. Je ne crois à rien de ce qu'on me raconte. Saint Thomas n'était qu'un enfant à côté de moi. Je remonte le moral des autres en remontant le mien propre. Je suis tout à fait un autre homme ; je vis sans essayer de comprendre ni pourquoi ni comment. Tâchez d'en faire autant.

C'est la première fois depuis mon départ que je roule autant de pensées dans ma tête et que je m'efforce de les exprimer. Je le fais pour vous, parce que je vous connais et vous aime beaucoup et que vous devez souffrir plus qu'une autre. J'espère que vous pourrez en profiter.

Espérons que le jour viendra où nous retrouverons nos meilleurs amis. Soyons fatalistes, mais pas neurasthéniques. Ce n'est pas le moment des grandes phrases.

(Cité par le Temps.)

Espoir et confiance.

...Notre désir à tous serait de bouter hors de France cette horde maudite qui a semé sur notre sol sacré les deuils et les ruines. Le spectacle que nous avons journellement est épouvantable.

Partout les fermes du petit village que nous occupons sont à moitié détruites. Leurs obus sont tombés à foison sur ces humbles demeures de nos artisans champêtres. Mais cela ne serait encore rien, c'est la terrible

loi de la guerre ! Le plus navrant, ce sont ces intérieurs
entièrement saccagés et mis au pillage par une horde
de vandales pire que les Huns d'Attila. Portes défon-
cées, fenêtres veuves de leurs vitres, meubles forcés
dont le contenu s'étale lamentablement sur le sol
souillé d'ordures immondes ; chères choses familiales
violées sans vergogne, souvenirs d'une vie entière
d'intimité et de bonheur semés au vent de la destruc-
tion : vieux Christ mis en pièces, tableaux de la Vierge
lacérés stupidement.

Et ces gens-là vous disent : Dieu est avec nous ! Eh
bien non, cela est impossible, et une race qui commet
de sang-froid de telles déprédations doit disparaître à
jamais ; elle est indigne de l'humanité et aucune religion ne saurait la reconnaître pour adepte !

Pardonnez-moi, Madame, ces longueurs dans une
lettre faite pour vous remercier, vous et vos chères
fillettes, mais mon cœur de patriote ardent a saigné
devant ces choses horribles et j'ai pleuré en songeant
au triste retour de ces pauvres gens lorsqu'ils reverront
leur foyer. C'est pourquoi nous devons, nous les
hommes, redoubler de courage et de vaillance, et
vous, Mesdames, nous apporter le réconfort de vos
âmes de mères, d'épouses, de filles, de sœurs. Soyez
les gardiennes vigilantes de nos foyers et dites à ces
enfants qui vous sont confiées qu'en travaillant pour
adoucir nos peines elles travaillent pour la gloire et la
grandeur de la France !

Puisse cette année qui commence voir notre victoire
finale. Espoir et confiance et vive la France !

(Cité par le Journal de Rouen.)

Les femmes au foyer.

...Je vous remercie bien vivement de votre bonne
lettre. C'est une sonnerie de clairon où je reconnais la
manière de votre regretté mari, de notre pauvre ami
qui aspirait de toutes les fibres de son être au grand
jour qui se prépare et que, hélas ! il n'aura pas eu

l'immense joie de voir. En vous lisant, j'ai senti passer ce courant de patriotisme qui anime les femmes de France, soutient leur courage et leur fait oublier leurs souffrances. Soyez toutes bénies pour ce que vous faites, car c'est grâce à vous, c'est attirée par ce douloureux et fier sourire, que la Victoire est revenue dans les plis de nos drapeaux.

Il faut du courage pour rester au foyer, calme, patient, plein d'une confiance inébranlable, sachant la patrie meurtrie, souillée par des barbares immondes. Il en faut même plus, du courage, que pour lutter dans l'ivresse du champ de bataille le sabre au poing, la baïonnette au bout du fusil ou l'œil à la jumelle près d'un canon qui vomit la mitraille. Nos soldats ne s'y trompent pas ; la vue et la conscience de votre courage leur apportent un réconfort merveilleux. Continuez donc votre mission ; faites-nous confiance, car l'épreuve n'est pas finie ; elle sera longue et pénible, et envoyez-nous vos paroles de foi et d'amour. En soutenant, en élevant le moral de nos soldats, les femmes, les mères et les filles seront pour eux mieux que l'appoint d'une armée. Elles auront le droit d'être heureuses et fières, car, pour une large part, elles auront ainsi contribué au succès final.

Répandez autour de vous ces sentiments dont vous êtes pénétrée, chère madame. Encouragez celles qui, comme vous, gardent un cœur serein, une âme forte. Relevez le front de celles qui commencent peut-être à être lasses. Le rôle des femmes intelligentes et courageuses est, aujourd'hui, d'être des missionnaires patriotes. Si toutes les femmes françaises regardent l'avenir sans appréhension et attendent sans impatience la fin de ce cauchemar, c'est la victoire certaine, prochaine, complète.

(Cité par le *Gaulois*.)

II

COMMENT ILS COMBATTENT

La bataille de Charleroi.

Il m'est apparu, comme à beaucoup d'autres, que si nous avons fait au début quelques écoles, cela tient uniquement au fait que nous n'avons pas toujours su, dans les premiers engagements, utiliser, comme il convenait, notre supériorité d'artillerie et que, par exemple, à Charleroi un ou deux régiments se sont lancés à l'assaut de positions solidement fortifiées et défendues par les mitrailleuses allemandes, avant que nos petits 75 aient eu le temps de déblayer la position. Dans d'autres cas, au contraire, la liaison des armes a fait merveille. Je me rappelle notamment le fait suivant : la ligne allemande ouvre tout à coup un feu nourri sur des régiments français mal abrités ; elle est appuyée par plusieurs batteries de mitrailleuses. La situation est critique. A ce moment, un colonel d'artillerie, dont les pièces sont entièrement dissimulées derrière la crête la plus voisine, fait ouvrir le feu par-dessus la ligne d'infanterie française. En deux ou trois minutes tout au plus, le feu des mitrailleuses ennemies est complètement éteint.

Cette précision de tir est rassurante. Déjà nos troupes ont su corriger, pour la plupart, le défaut de liaison dont je viens de parler et il n'est pas douteux qu'au bout de quelques semaines de campagne, aucune d'entre elles n'aura plus à redouter les effets des mêmes imprudences.

Une autre circonstance, bonne à mentionner, c'est l'ordre et le sang-froid avec lesquels sont exécutés les mouvements de repli devant une force armée, supérieure en nombre. On ne se doute guère des difficultés qu'offre un mouvement de ce genre en présence d'un ennemi tenace ; ce ne sont pas seulement les troupes de la ligne de feu qu'il s'agit de ramener sans heurt jusqu'à une nouvelle ligne de défense. Derrière la ligne de feu, il y a tout le service de convois qu'il faut également reporter en arrière au risque d'enchevêtrer les innombrables files des chariots et des caissons qui vont et viennent, nuit et jour, derrière l'armée. Or, j'ai pu constater personnellement que ces difficultés ont chaque fois été vaincues avec un remarquable sang-froid...

C'est à cet ordre et à ce sang-froid que nous devons sans nul doute d'avoir pu accomplir un aussi vaste mouvement de repliement, non seulement sans perdre une seule unité, mais sans que le service de l'intendance et du ravitaillement n'ait eu à en souffrir. Jusque sous la ligne de feu, je puis attester que nos hommes ont presque toujours reçu des vivres en excédent. J'ignore s'il est exact, comme on l'affirme, que du côté allemand le service de ravitaillement fonctionne moins bien ; mais ce qui m'apparaît avec évidence, c'est que la parfaite organisation, maintenue de notre côté, multiplie les chances que nous avons d'user l'adversaire sans nous user nous-mêmes.

Je ne vous décrirai pas dans le menu mes impressions de combat. J'avouerai franchement qu'il est assez désagréable d'entendre siffler autour de soi les balles et les obus, mais j'ajouterai que je croyais ce désagrément beaucoup plus difficile à supporter qu'il ne l'est en réalité. On en est quitte, si l'on n'est pas touché, pour une forte migraine due au vacarme invraisemblable que fait le duel d'artillerie par-dessus nos têtes. Ce qui était beaucoup plus tragique que le combat lui-même, c'était la fuite des populations épouvantées devant l'envahisseur.

Nos hommes qui, étant Français, ont plutôt trop de
cœur que pas assez, étaient beaucoup plus frappés par
ce spectacle douloureux que par le danger qu'ils pou-
vaient courir eux-mêmes. A tout instant, nos lignes
étaient traversées par de malheureux paysans en
larmes, les uns sur des chariots, les autres à pied,
portant au bout d'un bâton toute leur fortune nouée
dans un mouchoir. Ils allaient plus souvent à l'aventure, ne sachant trop où ils pourraient trouver un
refuge. J'en ai vu qui cheminaient au hasard à travers
champs, dans la direction du sud.

Certains détails ne s'oublient pas. Comme le convoi
des blessés que je ramenais à l'arrière s'était arrêté
dans un village déjà à demi abandonné, la voiture
s'arrêta devant la porte de la ferme où nous faisions
la soupe. Il contenait une malheureuse femme, qui,
pendant le trajet, venait d'accoucher sur la paille ; mes
hommes, pour la plupart, durent la tirer eux-mêmes
de la voiture pour l'étendre sur un matelas à l'intérieur
de la ferme.

Comme pour souligner l'horreur de cette dévastation,
nous voyions tous les soirs, à la tombée de la nuit, une
ligne de brasiers colossaux dessiner à l'horizon les
positions de l'armée allemande. Le plus volumineux
de ces brasiers n'était autre que Charleroi en flammes.
J'avais, à ce moment-là, l'impression de revivre les
heures les plus tragiques de l'invasion des barbares.
Quand bien même les malheureux paysans ou ceux de
nos blessés qui avaient échappé au massacre ne
nous eussent pas édifiés sur les mœurs de l'ennemi,
il eût suffi de regarder dans la nuit, le flamboiement
des collines, pour comprendre que ni les Vandales, ni
les Huns n'eussent piétiné, avec une férocité plus imbé-
cile, un des pays les plus nobles, les plus civilisés, les
plus raffinés de culture du monde entier.

Cela, nous l'avons tous senti, depuis le plus humble
troupier jusqu'au commandant en chef. La sainte
colère qui est née de ce sentiment est une force que
rien ne pourra briser...

(Cité par l'Information).

La guerre grotesque.

...Ici, nous avons assisté à la guerre vraiment la plus
extraordinaire qui puisse être. Rien de commun avec
ce que nous avions appris ou lu jusqu'ici. Au lieu de
la bataille classique durant une journée, ou même trois
ou quatre, suivie de marches, de manœuvres, en ame-
nant une autre, aujourd'hui l'on se bat tous les jours
et toutes les nuits, et puis l'on se terre comme des
blaireaux et l'on reste indéfiniment en face les uns des
autres.

Ces Allemands sont inélégants en tout ; ils nous ont
rendu ennuyeuse la guerre elle-même, qu'en France
nos ancêtres avaient l'habitude de faire si gaiement et
si proprement : autrefois, c'était à celui des cavaliers
de France qui serait le plus beau et le plus brillant
pour aller au combat ; aujourd'hui c'est la boue sale de
la tranchée ; autrefois c'était la charge brillante, le
grand coup de sabre, la manœuvre ; aujourd'hui, c'est
le terrier où l'on se cache, la tranchée où l'on s'em-
busque, l'inertie qui ronge, l'immobilité qui tue ou qui
enrhume.

Quelle guerre grotesque ! Malgré cela, j'en rappor-
terai de grands souvenirs et, si Dieu veut que j'en
revienne, j'aurai à vous conter des souvenirs dignes
des « demi-solde ». Car, au fond, les caractères de la
race se retrouvent comme toujours les mêmes, quand
les circonstances les réveillent et les surexcitent.
Marche sur la Belgique, du côté du Luxembourg ;
retraite sur la Marne ; combat acharné sur place au sud
de Vitry ; puis, marche en avant jusqu'à Reims ; arrêt
devant les tranchées allemandes. Puis, brusquement,
embarqués pour Ypres, où nous avons arrêté, en fantassins, l'avance allemande, enfin retour vers ... où
nous sommes encore. Que de souvenirs accumulés
depuis cinq mois bientôt. J'ai passé au milieu des balles
et des obus, me contentant d'en recevoir un seul et qui
ne m'a qu'éraflé à la gorge. C'est peu payer les grandes
et belles choses auxquelles j'ai assisté...

(Cité par le Journal des Débats.)

La bataille d'Ypres.

Arrivé le 12 novembre au matin, je pris part aux violents combats livrés à Zillebeke, Zonnebeke, Hollebeke, à l'est et au sud-est d'Ypres.

Rien ne peut donner une idée du spectacle effrayant de cette bataille ; les Allemands, attaquèrent avec une violence inouïe, par masses énormes d'infanterie, appuyées par une artillerie formidable. Ils subirent des pertes énormes et ne réussirent pas à rompre nos lignes ; bien mieux, sur certains points, nous avons même gagné du terrain. Le champ de bataille était couvert de morts et de blessés, mais en quantité telle qu'on ne pouvait se déplacer sans marcher sur des corps. Nous étions absolument assommés par le bruit du canon ; devant notre seul corps d'armée, plus de 400 pièces allemandes tonnaient, auxquelles répondaient environ 200 des nôtres. C'était un grondement perpétuel ; il venait encore s'y ajouter le crépitement de la fusillade et des mitrailleuses, l'éclatement des obus, les hurlements des fractions chargeant à la baïonnette, enfin, je n'ai jamais vu rien de semblable ; la bataille de la Marne ne fut rien paraît-il, à côté de celle-ci.

A l'issue de la bataille, le général réunit les officiers et nous dit : « Vous ne vous doutez pas de la valeur du succès que vous venez de remporter, c'est une grande victoire pour nos armes, je vous en remercie. » Il nous donna ensuite des chiffres ; c'est encore ce qui parle mieux que tous les discours ; voici ce que nous avons fait :

Il y avait autour d'Ypres quatorze corps d'armée allemands (750.000 hommes), contre cinq corps d'armée français (250.000 hommes) ; c'est dire si la poussée fut terrible et s'il nous fallut lutter pour ne pas céder. Les Allemands ont laissé 125.000 hommes sur le champ de bataille (20.000 tués et 105.000 blessés) ; de notre côté, il y eut aussi des pertes sensibles. Ma compagnie a perdu 104 hommes en vingt minutes, dans une charge à la baïonnette sur des mitrailleuses ; nous

nous sommes bien vengés après, par exemple : deux compagnies allemandes (500 hommes) ayant chargé nos tranchées, nous les avons fauchés littéralement ; 17 Allemands seulement survécurent, que nous fîmes prisonniers.

C'est à la suite de ces violents combats, le 14 novembre, que je fus nommé sous-lieutenant et qu'on me donna le commandement d'une compagnie.

(Cité par le Courrier du Centre.)

La prise de Saint-Georges.

Comme je vous l'ai écrit, j'ai pris part récemment à une opération des plus longues, des plus difficiles mais aussi des plus glorieuses. Il s'agissait d'enlever Saint-Georges, le dernier village encore possédé par les Allemands sur la rive gauche de l'Yser. Cette mission fut confiée à un détachement d'attaque composé de marins, de chasseurs à pied cyclistes, de dragons à pied et d'artilleurs. Ainsi 800 hommes environ, et le valeur de quatre batteries d'artillerie, allaient accomplir une tâche devant laquelle venait d'échouer une division entière. Le morceau était gros à avaler.

D'accès pour ainsi dire impossible, la localité ne pouvait être abordée que par deux digues de 3 mètres de large et une route de 10 mètres se présentant en ligne droite devant l'ennemi sur une profondeur de plus de 2500 mètres. Il avait fallu, en effet, renoncer dès les premières tentatives, à utiliser la rivière et les inondations du sud pour faire approcher du village les embarcations montées par les fusiliers marins.

Dès la première attaque, lancée d'après les ordres donnés, nous eûmes une centaine d'hommes hors de combat. Tout homme qui se présentait devant le village, visé par un tireur de premier ordre, était un homme mort : les Allemands faisaient du tir à la cible. Aussi le colonel n'hésite-t-il pas à adopter une autre méthode ; dès lors, nous avançons de 80 à 100 mètres par nuit, il est impossible de travailler le jour.

La soirée de Noël, surtout la nuit, sont particulièrement dures. Les Allemands, inquiets de nos progrès, nous attaquent furieusement, nous empêchent de travailler et par suite d'avancer. Il est vrai que dans la journée du 25, nous avons la compensation de recevoir la visite d'hôtes de marque. Ce sont des Anglais, dont le prince de Teck, qui nous apportent nos cadeaux de Noël : un projecteur et une canonnière blindée. Ceci n'empêche pas chaque jour les obus de 305 de continuer à tomber à 50 mètres de nous, achevant de démolir les ruines et ensevelissant de malheureux territoriaux et zouaves dans les caves où ils se sont réfugiés.

Le 27 décembre, les Allemands nous ayant émoustillés le soir du 26, notre colonel donne à quatre heures l'ordre d'attaquer avec l'appui du feu de toute son artillerie. Quelle musique ! Seize pièces de 75, quatre de 90 et deux de 95 tirent de sept heures à neuf heures du matin, à raison de huit coups à la minute, des obus explosifs ! Aussi enlevons-nous la lisière nord du village (la maison du Passeur) et faisons-nous une quarantaine de prisonniers. C'est la joie !

Le 28, après un deuxième assaut précédé d'un violent bombardement, nous avons le village. Le colonel reçoit immédiatement par téléphone, les félicitations du général commandant le groupement de Nieuport. Nos troupes se sont conduites d'une façon admirable. Pendant toute la journée du 29, ce ne sont que visites au village, entre autres du général et du prince de Teck.

Les Allemands l'apprirent-ils ? Toujours est-il que, dans la soirée, ils nous contre-attaquent violemment ; mal leur en prit : nous étions parés. Ils perdent 250 tués, au moins trois fois plus de blessés, 50 prisonniers. Nous n'avons perdu que 10 morts et 15 blessés.

Le 30, bombardement ! Nous recevons plus de 4000 obus ! Nous avons une soixantaine d'hommes hors de combat, dont 3 officiers tués. Mais tous les efforts des Allemands se heurtent à la parfaite organisation de notre résistance et la possession de Saint-

Georges nous est maintenant définitivement acquise.

Ce succès a fait sensation dans l'armée alliée. Le 2 janvier, nous recevons la visite du colonel Sealy et du général de Marlborough, anciens ministres de la Guerre anglais. Ils sont enthousiasmés de notre œuvre et ne peuvent croire à notre réussite. Il faut qu'on les mène à Saint-Georges, et à leur retour ils n'ont pas de termes assez enthousiastes pour témoigner leur admiration à notre chef.

(Cité par le Figaro.)

Action d'artillerie.

Notre artillerie a pris part à l'action signalée, ces jours-ci, dans la région de Puysaleine. Nous venions de déjeuner lorsqu'arriva le télégramme qui convoquait les officiers du groupe au château d'O... Vite à cheval, le commandant suivant l'officier orienteur — véritable centaure qui nous conduit à la quatrième vitesse par des chemins embourbés, mais défilés des vues de l'ennemi. Il monte un grand diable de cheval qui, avec ses longues jambes, fait des pas de géant. Les autres chevaux trottent ou galopent péniblement derrière ce coursier intrépide. On crie au centaure : « Plus doucement, à l'allure réglementaire ! » Mais le centaure ne se retourne même pas. A peine avons-nous le temps de voir, se promenant dans un champ de betteraves, comme un gros propriétaire, un faisan dodu et resplendissant, et des perdrix gouailleuses qui nous narguent, étonnées que des gens armés de pied en cap les laissent tranquilles. Nous arrivons à la grille du château, nous nous engageons dans la route principale du parc. A gauche, dans une cuvette, un petit étang qui doit être bien joli lorsqu'il est entouré de frais gazon, mais qui, pour le moment, est le centre d'un vaste marécage. La route monte ensuite à flanc de coteau. A droite, en bas, coule une mince et élégante rivière. De chaque côté, des arbres séculaires. Nous sommes dans « l'anneau des villas ». Un coin de Kabylie. Rien que des zouaves et des « tirailleurs » bizarrement accoutrés. Ils ont creusé des gourbis fermés par des portes vitrées. Ici, c'est la villa Martha, un peu plus loin, c'est la villa « Mon Rêve ». Amants et poètes ! Puis, ce sont des écuries faites de branches et de feuillage, et tout un village nègre d'exposition coloniale. Nous croisons un « tirailleur » au visage brun et huileux, assis, les jambes croisées, sur un mulet qui ressemble à un chameau. Ce mulet a, en effet, une bosse artificielle ; c'est l'énorme bagage qu'on lui a mis sur le dos, et sur lequel trône notre « tirailleur ». A quelques pas de là, nous en rencontrons un autre, à cheval sur un tonneau, tel un Silène, et qui se fait traîner par une mule pacifique. Dans un tournant, apparaît un cavalier vêtu d'une robe noire, bien en selle sur un petit cheval fringant : c'est l'aumônier de la division. On le voit, paraît-il, tous les jours de combat dans les tranchées de première ligne. Il donne largement l'absolution aux mourants. A ceux qui avaient un peu oublié le bon Dieu, il dit : « Allons ! courage, l'ami, tu es en retard avec lui ; de combien ?... quatre, cinq ans ?... bon ! c'est bien. » Et il fait le geste qui absout et qui bénit.

Le château est une construction massive flanquée de tourelles. On pénètre dans la cour par une voûte sombre enguirlandée de lierre, Pied à terre. Le général et le lieutenant-colonel d'artillerie sont là. Ils nous exposent notre mission qui va être d'appuyer une attaque de tranchées. Le lieutenant-colonel monte à cheval. Nous le suivons. Il nous montre nos positions de batterie. C'est un homme à la physionomie franche et ouverte, au regard vif et perçant ; son langage est précis : « Après-demain, attaque. Demain, au petit jour, vous prendrez position sur la lisière de ce bois, près du ravin. Un capitaine dont la batterie est quelques cent mètres en avant des vôtres vous donnera les éléments du tir. La position vous convient-elle ? — Oui. »

« Tout est admirablement réglé ; de sept heures cinq à sept heures seize, cinq coups par minute et par pièce. A sept heures dix-sept, allongement du tir pour permettre à l'infanterie de marcher à l'assaut. Les chro-

nomètres, les téléphones sont vérifiés ; des fusées par-
tiront.

Ces explicatione données, nous rentrons au cantonnement. Le lendemain, avant l'aube, nous parlons avec
les batteries. Chemin faisant un projecteur allemand
réveillé sans doute par le roulement de nos canons,
fouille l'horizon avec son grand œil. Il paraît même nous
voir, car il nous suit très exactement. Mais nous dispa-
raissons derrière un pli de terrain. Nous laissons en
chemin, dans le parc, les échelons (c'est-à-dire nos
caissons de ravitaillement, la forge, le chariot de batterie), que gouvernent sagement de jeunes et brillants
ingénieurs, sous la direction du plus ancien, du plus
galonné et du plus grave d'entre eux : « le chef de tous
les échelons ».

A peine les batteries sur le terrain, les servants
installent les pièces, arrachent les racines, font des
plates-formes, creusent des trous pour se mettre à
l'abri des obus et de « la flotte » (la flotte, c'est la pluie).
En face de nous est un autre bois. Nous sommes obli-
gés d'abattre de pauvres beaux arbres qui nous gênent
pour le tir.

Nous déjeûnons dans un de ces gourbis On l'a tapissé
de feuilles mortes : heureuse décoration imaginée par
le commandant. Nous sommes comme dans une crèche.
On ne saurait penser à tout : nous manquons d'eau et
de vin et notre cher commandant peste contre « le mar-
chand de soupe » et s'écrie « C'est une boutique. Je
vous dit que c'est une boutique ! » Cependant un de nos
joyeux capitaines n'en perd pas sa bonne humeur. Il
imite les gestes et le langage imagé des « tiraillours »
ou bien le bruit des sabres que nous nous préparons à
tirer : « par quatre, fauchez double. Badadaboum,
Badaboum .. Badadaboum... Badadaboum... »

Avec une vingtaine d'obus, notre tir est réglé dès la
veille de l'attaque. Le soir venu, nous allons au poste
de combat, au milieu d'un immense plateau. C'est là
que nous devons dîner et coucher. Nous n'y arrivons
qu'après avoir marché à tâlons, pataugé dans une mer
de boue, mis le pied dans des trous, traversé de vieilles
tranchées abandonnées, heurté des fils de fer. De côté

et d'autre, des projecteurs essayent de percer l'obscurité de cette nuit particulièrement noire. Ce poste de combat est un trou où nous sommes fort serrés. Nos ronflements nous empêchent mutuellement de dormir, beaucoup plus que les coups de nos gros canons qui ne cessent de tirer.

A cinq heures, nous allons réveiller les batteries. Les dernières instructions sont données. On attend le signal. Nous avons la montre en main et le brigadier téléphoniste, le récepteur à l'oreille. Sept heures cinq. D'un seul coup, toute l'artillerie tonne à la fois. Il y a là près de cent pièces de tous les calibres (75, 80, 90, 95, 105, 155 court). Pendant un quart d'heure, c'est un feu d'enfer, étourdissant. On ne s'entend plus. Les plus belles voix sont impuissantes à dominer ce tonnerre. La bouteille magique du plus raffiné de nos capitaines en éclate : les vibrations ont brisé le verre de cette précieuse bouteille qui a la propriété de conserver indéfiniment la chaleur des liquides.

Les Allemands nous répondent-ils ? Nous faisons tant de bruit nous-mêmes, qu'il nous est impossible d'entendre le leur. Quelques balles de fusil qui ne nous étaient pas destinées s'égarent dans les bois dont elles chatouillent les arbres, en passant. Des « marmites ed Boches », comme disent nos Bretons, tombent loin de nous. Mais elles sont en fonte et de mauvaise qualité. Au départ, et pendant le trajet, on croit qu'elles vont tout avaler, mais à l'arrivée, elles ne font qu'un tout petit bruit sourd et étouffé. Nos soldats en rient et disent : « elles n'ont plus la force de p... »

Résultat : l'artillerie a tiré en quelques heures près de 9,000 coups de canon. Nos admirables zouaves se sont emparés de deux tranchées. Le 75 a été très félicité pour la précision de son tir, et il fallait de la précision, car les tranchées françaises et allemandes étaient distantes l'une de l'autre de 40 à 200 mètres. Les Allemands ont été littéralement hachés sur place.

Parmi les tranchées prises, il en est une qui s'appelle « la tranchée du Barbu », parce qu'on en vit sortir un jour un Boche qu'embellissait une barbe magnifique. Nous en connaissons une autre ailleurs à laquelle on

a donné le nom de « Bout du boyau du parlementaire »
soit dit sans offenser nos honorables, mais simplement
parce qu'un Boche s'y montra un jour agitant un mouchoir blanc.

L'effet moral d'attaques de ce genre est considérable.
Elles donnent confiance à nos troupes et démoralisent
l'ennemi. On a essayé de faire croire aux Allemands
que nous étions à court de munitions, que nous étions
épuisés. Or, nous les accablons sous une pluie de projectiles. Ils peuvent à peine nous répondre. Leurs
hommes se rendent compte de leur état d'infériorité,
de l'insuffisance de leur artillerie et il n'en peut résulter
qu'un profond découragement pour eux, et, pour nous,
de très sérieuses raisons d'espérer.

(Cité par le Journal des Débats).

L'attaque d'un village.

Figure-toi une nuit très noire. Je suis enfoui dans une
tranchée à l'intérieur d'un bosquet, attendant mon tour
d'être sentinelle. Le voici enfin ; il est cinq heures du
matin ; il fait froid ; la bise est glaciale ; je claque des
dents derrière la haie où je suis factionnaire ; mais ma
couverture de laine et les tricots de maman ont raison
de l'intempérie. Pourtant les oreilles souffrent car il ne
faut pas les couvrir ; on n'entendrait pas les pas des
Boches dans la nuit. Dans l'ombre je ne distingue rien ;
nul bruit ne trouble les petits vallons d'en face. Six
heures sonnent au clocher de E... Le brouillard s'épais-
sit. Aux derniers échos de l'horloge succède le sifflement bien connu d'une balle allemande, puis deux, puis
trois. A la première, j'étais à genoux ; à la deuxième
j'étais couché, car elles passaient près de moi quoi-
qu'elles ne me fussent pas destinées. C'était l'attaque
par les Allemands du village E..., à 1,000 mètres devant
moi. Maintenant, le canon boche tonne et les camarades du village ont déjà riposté. Le concert a com-
mencé : zrou zrou ! pif ! paf ! crac ! crac ! En place

pour le quadrille ! En effet, l'ordre me vient de rejoindre les camarades. Alors, à travers champs, pas de gymnastique et sac au dos ! On court en silence. Pas un mot ! On n'entend que l'haleine rapide. Nous piquons droit sur le cimetière. Nous y voici accroupis, derrière le mur. Mais il fait clair. On va voir les Boches ! Vite à droite et à gauche, on débouche et d'un bond on est sur la crète. Les voilà ! On se couche dans la terre mouillée et *pan ! pan !* on tire sur les casques à pointe. Ah ! quel minute ! Quelle musique ! Nous les arrêtons à gauche. Alors ils fuient vers la droite. Ils vont nous tourner et ils sont nombreux, cinq contre un. Mais on s'en aperçoit et voici l'ordre de la retraite. Avant de partir j'aperçois, grimpé à un arbre, un Boche à cent mètres. *Pan !* Il tombe ! Et en route pour la retaite ! Vite, vite, il faut ramper, bondir, car les balles pleuvent : un camarade est tué raide, puis deux, puis trois, jusqu'à sept qui resteront là endormis pour toujours ! Les Allemands occupent le village. Nous avons cédé sous le nombre. Mais ce ne sera pas pour longtemps. Déjà le 75 tonne et la grosse voix du canon de forteresse fait vibrer le sol. Les obus s'abattent sur le village dans un fracas de tuiles. Des gerbes géantes de feu et de poussière montent vers le ciel. A droite, à gauche, devant, derrière et dessus, la mitraille accélère son rythme triomphant ! Et cela dure deux heures. Puis pour la deuxième fois, nous montons à l'assaut. Cette fois on a le cœur content, car derrière nous les canons vomissent toujours. En tirailleurs, une ligne de soldats marche sus à l'ennemi. Les Allemands tiennent bon d'abord, mais bientôt ils fuient, affolés, traversant la S... dans l'eau et la vase et laissant derrière eux combien de morts et de blessés ! Ça y est ! E... est à nous. Il est quatre heures de l'après-midi.

(Cité par le Temps.)

Sous les obus.

Le 16 au soir, nous partons pour remplacer le ... cuirassiers. En arrivant, je reçois l'ordre d'aller avec dix hommes occuper un poste au pont sur le canal, à la sortie de B... Il faut vous dire que ce point était tout particulièrement visé par l'artillerie boche, qui cherchait à le démolir pour empêcher le ravitaillement en munitions des artilleurs qui se trouvaient de l'autre côté du canal. Comme les marmites et autres obus tombaient au hasard sur le patelin, je mets mes hommes en colonne, à cinq mètres de distance l'un derrière l'autre, et, prenant la tête, je pars en rasant les murs dans la direction du pont. Il faisait un temps de chien et, dans la nuit très noire, on voyait les obus former une trajectoire lumineuse et éclater en lançant des gerbes étoilées comme un feu d'artifice. Si ce n'avait été le dangereux de l'affaire, la chose avait son côté pittoresque.

N'étant pas très sûr de la direction, je demande à un commandant d'infanterie, qui passait, où se trouvait le pont en question. « C'est fort simple, me dit-il, vous n'avez qu'à aller là où éclatent les obus. » Comme renseignement, c'était précis. Je repars avec mes poilus (le mot est à la mode) et, comme nous arrivons au bout de la rue que nous suivions, trois obus éclatent à cinquante mètres de nous, nous couvrant de terre. La direction était bonne !

Je me retourne : pas de mal ni de casse. Alors, en route ! A dix mètres de là, j'aperçois le fameux pont. J'arrête mes hommes derrière une baraque et, comme nous avions à traverser une zone d'environ cinquante mètres, battue à chaque instant par les obus, je leur recommande de ne pas perdre la carte et de traverser cet espace à distance les uns des autres et au pas de course. (J'ai oublié de vous dire que nous étions à pied.) Je pars le premier, et à la grâce de Dieu je traverse le pont et les quais à fond de train. Par bonheur, c'était dans un moment d'accalmie, et tous mes bonshommes m'imitent bientôt, sans qu'un obus vienne nous saluer. Pourtant, à peine le dernier nous rejoint-il qu'une marmite passe en sifflant et va éclater, inoffensive, dans le canal, où elle soulève une énorme gerbe d'eau.

Je trouve de l'autre côté du pont quatre zouaves et un caporal qui tenaient un poste semblable à celui que

je venais établir. Je pars à la découverte, toujours e
rasant les murs, et je trouve une petite maison de deu
étages dont la porte était ouverte. Il ne me fallut pa
longtemps, je vous assure, pour la transformer e
corps de garde improvisé.

La salle à manger, contenant un poêle, était pou
cela tout indiquée. Mes hommes descendent à la cav
et ramènent triomphalement un seau de charbon. Cin
minutes après, le poêle ronflait et nous pouvions enfi
sécher nos manteaux et tuniques, trempés par la plui
Ayant fait ensuite une incursion dans la cuisine, j
ramène une grande cafetière et, avec nos vivres d
réserve, nous commençons à faire du café. Tout s'an
nonçait donc bien, quand un obus, qui vient enleve
une partie du toit, nous rappelle à la réalité d'une faço
un peu brutale. Ayant descendu des matelas du pre
mier étage, nous nous installons pour passer la nuit l
plus confortablement possible, après avoir, par précau
tion, fermé les volets de la chambre. Bien nous en pri
car, dans la nuit, les obus firent rage autour de notr
pauvre maison ; c'était à croire que les Boches nou
savaient là. Bref, le lendemain matin, notre bicoqu
n'avait plus de toit. Les murs étaient criblés d'éclat
d'obus et de balles de shrapnells. Un volet, qui éta
resté ouvert, avait été arraché bruyamment de se
gonds. Toute la nuit, les obus étaient tombés, mais, pa
miracle, aucun sur la maison ni sur le pont. Le mati
au réveil, la situation devenant presque intenable
j'avais projeté de transporter mon poste dans la cav
quand une accalmie se produisit. Nous étions tellemen
habitués au ronflement et à l'éclatement des obus qu
nous étions presque étonnés de ne pas les entendre
J'en profitai pour mettre le nez dehors et me rendr
compte des dégâts. Comme je vous l'ai dit, ils étaien
sérieux. La pauvre petite maison, qui appartenait à u
receveur des contributions, était bien éreintée. Le toi
était enlevé et les chambres du premier dans un éta
lamentable. A côté, un obus était tombé sur une établ
à porcs, et toute une nichée de cochons de lait était l
le ventre ouvert. C'eût été cocasse si ce n'eût été triste

Comme nous n'avions dans le corps qu'un peu d

café depuis la veille, j'envoyai un poilu, un débrouillard,
à la découverte au patelin, et, une demi-heure après,
je le vois revenir avec un superbe gigot et deux poulets dont je ne pus jamais savoir la provenance. Ce fut,
dans le poste, l'allégresse générale. J'avais vu, dans
la cuisine, un pot de beurre salé. Il nous servit à faire
la popote et, au son des marmites qui recommençaient
à tomber, nous mîmes joyeusement au four le gigot et
les poulets.

(Cité par le *Gaulois*).

Charge à la baïonnette.

Vous me demandez, mon cher Charles, de vous dire
comment j'ai obtenu la médaille militaire.

J'étais dans une tranchée en Belgique avec ma section (45 hommes environ); devant nous, à 60 mètres,
les Allemands dans leur tranchée, où nous les avions
tenus trois semaines !

Furieux de voir toutes leurs attaques repoussées par
notre bataillon, ils se groupèrent un jour et nous attaquèrent de front et sur notre flanc gauche à quatre heures
du matin. En moins d'une demi-heure plus de 100 cadavres étaient tombés devant nous et environ 20 des
nôtres manquaient, blessés ou tués.

Malgré cela, le flot des Boches continuait à avancer;
une mitrailleuse qui était à ma disposition ne fonction-
nant plus leur permit de rentrer dans ma tranchée sur ma
gauche. Les voyant arriver, j'ai commandé : « en avant
à la baïonnette » et allez-y, moi le premier, on a foncé
dans le tas, et on les a sortis un peu brutalement. Mal-
heureusement dans ces corps à corps qui sont des
moments terribles, j'ai reperdu 15 hommes et j'avais
reçu une balle dans le bras. Malgré ce petit contre-
temps, je rassemblai de nouveau nos hommes, plus
une quinzaine que l'on m'avait envoyés en renfort et
je rechargeai une seconde fois ! Là j'étais plus heureux,
je ne perdais que 2 hommes et revenais mon bras pendant, plus une blessure à la cuisse, mais j'avais réussi

à déloger les Boches de ma tranchée. Dix minutes plus tard cependant ils attaquaient en grand nombre sur tout le front (environ 5 kilomètres), où une division entière les attendait.

Je suis encore resté deux heures à me battre, mais mon bras étant immobilisé, mon capitaine me donna l'ordre d'aller à l'infirmerie me faire panser. Je suis ensuite venu reprendre le commandement de ma petite fraction, mais vers 3 heures de l'après-midi, ma blessure me donnait la fièvre et me forçait à mon grand regret à quitter mes camarades.

Et voilà, mon cher ami, comment j'ai obtenu la médaille militaire avec la mention suivante : « Ayant été blessé grièvement, est resté à combattre deux heures durant et après pansement est revenu sur la ligne de feu reprendre le commandement de sa section ».

J'ai été étonné quand j'ai appris la nouvelle. Je croyais que c'était plus dur que cela à décrocher ! J'en suis malgré cela fort honoré ! Cela vous donne du nerf pour les opérations futures et lorsqu'on vous donne la médaille devant les troupes avec un gros baiser du colonel, « ça vous fait tout de même quelque chose ».

(Cité par le *Mémorial de la Loire*).

Prise de drapeaux allemands.

C'était le 7 septembre. Ce qui avait pu se rassembler de ce qui restait de notre régiment s'était reformé dans un chemin creux, au nord-est de Fosse-Martin. Lorsque les compagnies furent reconstituées, un ordre nous parvint de la division d'attaquer le hameau de Nogent, dont le groupe le plus important de constructions se composait d'une râperie de betteraves, qui se trouvait à 1 800 mètres devant nous. C'est contre cette usine que devait se porter notre principal effort.

Il était en ce moment environ quatre heures du soir. Le capitaine Flamant, qui commandait le mouvement, nous fit déployer en formation de combat, et nous avançâmes, Nous étions à peine découverts, que nous eûmes à supporter le feu infernal d'une batterie de grosse artillerie allemande, qui, heureusement, nous impressionna plus qu'elle ne nous causa de pertes. Nous étions nous-mêmes soutenus par une batterie de 75, dont le tir très efficace nous aida à progresser dans cette affaire.

Nous voilà donc avançant dans un chaume, nous couchant pour tirer après chaque bond en avant. L'ennemi, qui était embusqué derrière les murs de l'usine, pouvait nous atteindre avec beaucoup de précision, et à chaque pas, quelques-uns des nôtres restaient étendus. Nous comptions sur la tombée du jour pour avancer plus vite, mais nous fûmes déçus. Le soir, en effet, les Allemands mirent le feu à une immense réserve de combustibles, et c'est à la faveur de cette clarté lugubre que se continua le combat. Nous arrivâmes en rampant à 150 mètres des Boches, quand tout à coup notre capitaine lança le fameux commandement : « En avant, à la baïonnette ! » Alors chacun bondit et se précipita devant soi. A ce moment précis, la fusillade faisait rage, les mitrailleuses crépitaient, et notre artillerie inondait littéralement l'ennemi d'obus à la mélinite ; tout cela, à la lueur de l'incendie, avait quelque chose de terrible et de grandiose en même temps. Mais voilà que tout à coup le feu se ralentit. Nos hommes s'arrêtent, hésitent. Qu'est-ce qu'il y a ? Nous voyons devant nous s'agiter des ombres qui nous crient : « Amis, amis, Anglais, Anglais ! » Nous n'osions plus tirer, quand un camarade, un brave, celui là, se détache de nous, s'avance résolument sur la ligne ennemie, arrache un casque à pointe de la tête d'un blessé, qui se trouvait à quelques pas du groupe des ombres, et se tournant vers nous, sous les balles. nous crie triomphalement : « Et ça, est-ce que c'est des Anglais ? »

Alors ce fut indescriptible. La rage au cœur de voir qu'ils avaient voulu nous tromper lâchement, désireux de venger notre brave camarade, qui avait miraculeusement échappé à une grêle de balles, nous leur envoyâmes une salve qui leur tua beaucoup de monde.

Puis chacun se précipita ; tout le monde avait soif de plonger sa baïonnette dans la poitrine de pareils adversaires. Nous arrivâmes sur eux comme une trombe. Tout de suite ce fut la débandade : tous voulaient se rendre. Ils jetaient leurs armes, nous suppliaient de les épargner, mais fous de rage, nous ne connaissions plus rien, nous en fîmes une véritable hécatombe.

C'est à ce moment que quelques hommes de la compagnie aperçurent le drapeau allemand et engagèrent un combat direct avec le porte-étendard et sa garde. L'officier qui tenait la hampe était brave. Jusqu'à la dernière minute, il défendit à coups de revolver, l'emblème qui lui était confié, mais un de nous s'approchant lui tira, à dix mètres, un coup de fusil en plein cœur qui le foudroya. Alors, nous sentant victorieux et en possession du glorieux trophée, jaillit de toutes les poitrines un cri de triomphe formidable. Il était à ce moment-là dix heures du soir.

Ce qu'il y a de plus fort, c'est que la curiosité des hommes l'emportait sur le danger que nous courions. Chacun voulait toucher ou porter le drapeau que nous venions d'enlever, et cela sous une grêle de balles qui continuaient à pleuvoir de toutes parts.

(Lettre à la directrice d'un lycée de jeunes filles).

III

COMMENT ILS VIVENT

___

La tranchée.

Vous faites-vous une idée de cette guerre de siège ?
Je ne le crois pas. Eh bien, venez me faire visite à
Trianon-Palace (c'est mon home). En venant chez moi,
on a l'impression d'un certain confort ; ma hutte — ou
plutôt mon trou — de 5 mètres de long sur 4 mètres
de large, comprend en effet une vaste antichambre
avec canapé de repos et une chambre à coucher.
Certes ! ce n'est pas xxᵉ siècle. Ici point de tapis qui
étouffent le bruit des pas. point de lourdes étoffes
qu'on soulève pour annoncer les visites le jour où
monsieur reçoit, point de chauffage central. Non, ici,
tout est de terre, de bonne terre et de bois brut, mais
on y nargue à la fois les marmites et les crapouillauds.
Tout autour, par escouades, les sapeurs de ma compagnie ont construit des abris modèle du genre : c'est
le village nègre. A .. mètres, 1 bataillon d'infanterie,
dans la villa des Fourmis, constitue une petite réserve.

Expliquons-nous : Depuis la mer jusqu'à B... le front
est divisé en secteurs plus ou moins étendus, affectés
à des unités constituées, cela indépendammant des
corps ou divisions de manœuvre, bien entendu.

Dans le sens de la profondeur, chaque secteur comprend trois zones : 1° Les troupes de 1ʳᵉ ligne, toujours
en alerte : 2° Les petites réserves, ne craignant que
les obus, prêtes au premier signal à soutenir ou à ren-

forcer la 1ʳᵉ ligne ; 3° Les réserves générales, jouissa
d'un repos complet, à l'abri des coups. Tous les tro
ou quatre jours, la relève se fait à des heures diff
rentes.

Ceci étant, prenons une tasse de thé chaud, all
mons un de ces excellents demi-londrès que M. l'i
tendant nous envoie quelquefois le samedi, et parlon

Il faut suivre le fil téléphonique : c'est J... en ruine
puis la campagne déserte, triste... Pas âme qui vive
Le bruit sourd de notre artillerie lourde et le cha
argentin de nos 75, seuls donnent un peu d'agréme
à la situation. Voyez cette ligne de tranchées q
s'étendent à perte de vue, à droite et à gauche, tout
précédées de réseaux de fil de fer, d'abattis, de trou
de loup, de fougasses. Le génie en a construit comm
cela...

Je vous avais bien dit d'avoir confiance ! Vous
serez plus étonnés des pertes énormes qu'ont subi
les Allemands en avançant en masses compactes cont
ces défenses.

Un ruisseau sur lequel sont jetées de nombreus
passerelles pour l'artillerie ou l'infanterie, un chem
sur fascines dans le marais. Maintenant le ridea
d'arbres qui cotoyait le ruisseau ne nous cache plus
pour employer un langage technique, nous ne somm
« défilés », ni aux vues, ni aux coups. Et si nou
rêvions en philosophes sur le glacis, un « tireur d'of
ciers » nous rappellerait bien vite à la réalité.

Prenons le boulevard Albert-Iᵉʳ : c'est un boyau
zigzags, comme tous les boyaux, pour éviter les feu
d'enfilade de ... mètres de largeur ... mètres de profo
deur. Il est fameux ! C'est par là que passent nos 75, l
jours d'attaque, pour aller travailler sur le front
l'esplanade Elisabeth.

La promenade est monotone. De temps en temps u
soulèvement de terre, une croix, un nom : un bra
est enterré là ! comme ornement, un képi ou un casqu
à pointe (car amis et ennemis sont toujours unis da
la mort), quelquefois une couronne, une bouteille q
contient tous les renseignements concernant le héro

Tout à coup une bonne odeur de cuisine vous m

en appétit. Toujours une pancarte : « Restaurant des affamés », pour la 4ᵉ compagnie, et au « Rendez-vous des obus » pour la 5ᵉ.

A... mètres de notre point de départ, le boulevard continue tout droit, deux autres boyaux moins larges (... mètres seulement avec garages tous les ... mètres, bifurquant l'un à droite, l'autre à gauche). Prenons la rue neuve qui conduit à la tranchée la moins éloignée des Boches. De temps en temps vous voyez des impasses : « impasse des rêveurs, » « impasse des solitaires ». N'y allez pas, vous tomberiez dans un endroit aussi rustique que nécessaire...

Mais nous approchons : un loustic a installé là un poteau du T. C. F., qui ironiquement nous avertit : « Attention ! tournant dangereux ». Nous y sommes... « Vous paraissez étonnés ? » Vous voyez des créneaux métalliques, des fusils appuyés contre le parapet, vous entendez même le son assourdi d'un accordéon, mais quoi... « où sont les soldats ? » Eux aussi sont dans des trous tels des lièvres et comme les lièvres en leur gîte, ils songent ou bien ils jouent aux cartes, ils relisent leurs lettres, ils ont à admirer le passe-montagne tricoté par des mains aimées.

Jetez un coup d'œil rapide dans un créneau, celui sur lequel on lit : « Pas de billet de retour pour les saxons », mais n'y restez pas longtemps... Là à.... mètres, une ligne blanche, ils sont là !... Un sifflement, un choc, c'est une balle...

(Cité par le Journal de Rouen.)

L'apprentissage de la guerre.

Ce qui me paraît maintenant le gage de la victoire, c'est le moral de nos troupes. Depuis que l'offensive est reprise, c'est un véritable miracle : d'abord les troupes comprennent ce qu'elles font, et c'est d'un poids immense — puisqu'elles ont appris à faire la guerre, à utiliser les tranchées, à se dérober aux obus,

si possible. Il y aurait beaucoup à dire là-dessus.
est très vrai que les Allemands étaient dès le débu
« en forme », et que nous ne l'étions pas. Mais chaqu
soldat s'est adapté, il a progressé. Il sait maintenan
plus et mieux que l'ennemi. Cela c'est un fait incon
testable, et je suis tout heureux de pouvoir constate
sur le vif ce caractère de notre race. Au début, la plu
part d'entre eux ne soupçonnaient pas les sacrifice
que pourrait exiger la guerre, ni dans quelle étonnant
aventure ils étaient engagés. Tout cela a bien changé
Je vois tous les jours, dans un village où se trouve l
quartier général, des fantassins qui viennent se repo
ser après quarante-huit heures passées dans les tran
chées.

On n'imagine pas ce qu'est cette existence dans de
trous où toutes les ordures viennent croupir, où il fai
un froid terrible, la nuit, d'où l'on a de la peine à éva
cuer blessés ou cadavres, etc. Quand on entre là
dedans, il faut avoir fait le sacrifice de sa vie. L'admi
rable est que cela est accepté par les nôtres. Ils e
parlent calmement et sobrement, sans aucune hâble
rie. Il y a chez eux quelque chose comme de la séré
nité. C'est un état d'âme collectif dont chacun bénéfi
cie — et qu'une foule atteigne ce degré d'héroïsme
c'est ce qui me confond. Je crois ne rien exagérer e
vous écrivant ceci. Jamais je n'avais soupçonné à c
point notre véritable valeur.

(Cité par le Temps.)

Aux écoutes !

Nuit noire et froide ; en ces lieux, hier encore théâtr
de l'immense étreinte décisive, toute vie semble sus
pendue et rien ne décèle l'existence de légions souter
raines, vivantes digues opposées au flot montant d
l'invasion.

Dans la tranchée de tir, à 400 mètres des premières
positions ennemies, ils sont huit, silencieux, serrés le

uns contre les autres pour avoir chaud ; leurs fusils chargés, baïonnette au canon, tout prêts, sont rassemblés sur la banquette de la tranchée. C'est la garde de nuit.

Soudain, du groupe, trois ombres se détachent, deux hommes et un gradé ; celui-ci marche en tête. Chacun prend son fusil ; d'un pas rapide, le groupe gagne l'extrémité de la tranchée, parcourt 10 mètres dans un boyau transversal et remonte à la surface du sol ; de là, suivant un tracé déjà bien piétiné, il pique droit sur le réseau de fils de fer. A 2 mètres de cet ouvrage, le plus avancé de la défense, le groupe s'arrête : c'est là.

Dans l'obscurité, très épaisse, on devine, en cet endroit, un trou ; deux formes en surgissent et quittent la place que deux nouveaux venus vont occuper à leur tour ; les premiers s'éloignent ensuite avec le gradé, pour regagner, par le même chemin, la tranchée de tir. La relève est faite.

Le trou qu'occupent les deux arrivants mesure environ $1^m,50$ de largeur, et 40 centimètres de profondeur — la terre qui en fut extraite a été rejetée sur le devant pour former une espèce de glacis protecteur ; face au glacis, une banquette permet de s'asseoir.

De son nouveau poste, la sentinelle observe. Sur la gauche, un feu de mousqueterie crépite ininterrompu : ce sont des camarades qui, de leur tranchée, distante seulement de 50 mètres de celle des Boches, paralysent ainsi toute tentative audacieuse de ceux-ci.

Sur la gauche encore éclate, par instants, un grondement formidable, semblable à celui que produirait l'écroulement du plus gigantesque édifice. Ce tonnerre provient de l'explosion de marmites que crache un fort depuis peu reconquis, et réorganisé par nous.

De temps à autre, soit sur la droite, soit sur la gauche, un point s'allume faiblement, s'élève comme de lui-même au-dessus du sol, et soudain en jaillit un puissant faisceau lumineux qui balaie la plaine, puis, brusquement, disparaît ; ou bien, c'est une fusée qui, s'échappant de nos tranchées, décrit dans le ciel la courbe voulue, descend verticalement, éclate à une hauteur déterminée en donnant naissance à un globe lumineux dont la clarté blanche inonde au plus loin la zone des retranchements, et meurt ; la fusée continue sa course : nouvelle formation, plus bas, d'un globe lumineux dont la lueur s'éteint en même temps que la fusée tombe à terre.

La sentinelle surveille le réseau de fils de fer ; sa mission est d'en éloigner toute patrouille ennemie et de donner l'alarme en cas d'attaque. Là, derrière elle, des milliers de camarades reposent, et, dans le grand calme de la nature, si favorable à la méditation, le petit soldat se prend à songer.

Il songe et refait, en pensée, le chemin parcouru en six mois de campagne ; il rêve, il entrevoit la maison familiale, les siens, le retour ; il songe aux grands événements auxquels il fut mêlé, aux souffrances endurées, aux privations subies, et se trouve grandi à ses propres yeux. C'est là, qu'en son cœur, un sentiment s'est développé, y a pris une plus large place, la plus large ; il a compris ce que c'est que la « Patrie ».

Pour lui, petit soldat qui a vu, la patrie, c'est le territoire cédé hâtivement, ce sont villes et villages traversés à la lueur sinistre de l'incendie, c'est le lamentable convoi des fugitifs, hommes résignés, femmes éplorées qui, à son passage sur la route, lui ont crié leur détresse et leur haine. Et, mesurant l'étendue de sa tâche en face des redoutables moyens de l'ennemi, il se sent à la hauteur de son devoir. Cette pensée le ramène au présent : au poste d'écoute, il faut voir, il faut entendre. Pour percer les ténèbres, son œil se fixe ; son oreille guette, attentive, les moindres bruits, et, dans cette tension formidable des sens, son imagination s'aiguise, les fils de fer vibrent, leurs supports dansent, des ombres s'agitent. Nerveusement, résolument, la sentinelle saisit son arme, l'épaule, presse la détente : le coup part. Le fracas de la détonation, le choc de l'arme par recul, lui rendent sa lucidité. Allons, ce n'est qu'une fausse alerte, sans doute une illusion.

Cependant, un bruit de pas étouffés, de frôlements de manteaux, lui fait détourner la tête : c'est la relève.

(Cité par l'Echo de Paris.)

Tout va bien.

15 janvier 1915.

Je suis téléphoniste à la brigade d'artillerie. Confortablement installé dans un abri creusé en pleine terre, chauffé par les bûches de la forêt où nous sommes, je reçois et j'envoie les ordres. Poste de confiance des plus intéressants, passionnant même. En ce moment j'ai mon casque, et en attendant du travail je viens causer un peu avec vous.

Tout à l'heure, alors que j'écrivais à Jeanne, une (une de nos batteries a défoncé une tranchée boche !)... marmite vient de tomber à 20 mètres de nous ; un chêne a été brisé, un peu de notre plafond est descendu, mais rien de grave.

J'entends continuellement toutes les nouvelles de cette partie du front. Ça marche à ravir. Les batteries sont toutes repérées et les tranchées ennemies sautent. Quel vacarme !

Quand on sort chercher du bois, les vivres, ou qu'on va prendre l'air, les balles chantent aux oreilles, les obus éclatent dans le fond de la vallée, nos fantassins « jasent » et le vent mélange tous ces bruits. Encore une marmite à 50 mètres d'ici. Leur tir s'égare. Ça ne fait rien, ça vous secoue vraiment ! ! !

Je voudrais pouvoir vous dire, avec des mots colorés et vrais, l'impression que l'on ressent à 100 mètres des ennemis (car l'entrée des tranchées est là près de nous, un boyau y conduit). On sent tout autour de soi le danger. (Pan ! pan ! pan ! pan ! Le coup d'une de nos batteries, des obus passent sur nos têtes.) On voit la mort à chaque minute, on remonte les blessés ; à chaque instant, un pas de plus, un pas de moins peut vous perdre, et tout autour de soi on cause, on rit, on ne pense même pas aux projectiles. Cette nuit, j'ai dormi comme je dors à Asnières. On est soldat, à chaque instant on risque sa vie et on n'y pense pas... *Pouf !* une marmite ! Ce qu'il faut, c'est être prudent :

je le suis ; mais quand on a un travail à faire, le fai
sans se soucier de rien.

J'éprouve un calme complet et de la joie à n
dominer moi-même, je suis même un peu bavard. (
augmente, chez moi, pour ainsi dire, la force de m
facultés, et je n'ai qu'un regret, c'est que dans quat
jours il va falloir repartir en arrière. Le poste étant tr
absorbant : jour et nuit, on nous relève souvent. Je su
en bonne santé, couvert de boue, les pieds trempés
heureux comme deux rois.

(Cité par le Figaro.)

Il faut bien rire.

Je profite d'un moment où la défense me laisse u
peu souffler, pour vous donner quelques explicatior
sur les demeures préhistoriques qui nous serve
d'abri devant l'ennemi. Nous sommes dans une forê
dont il m'est impossible de vous donner le nom, vou
savez pourquoi. Notre maison se compose d'une seu
pièce, un rez-de-chaussée, fenêtre, une seule, encore
ce n'est pas par crainte de l'impôt — luxueuseme
installée dans un mur d'argile et de gazon qui form
l'entourage de notre cabane. Les carreaux de cet
fenêtre sont de fabrication moderne : 3 bouteilles co
lées les unes aux autres, un peu de paille entre ce
objets pour ne pas que l'air passe, et voilà l'install
tion.

Pour toiture, de la terre, du gazon. Le terrain de l
Champagne est tout marne ou sable. Nous nous tro
vons dans le sable, et comme, depuis trois semaine
la pluie fait des siennes, nous nous voyons forcés, pou
ne pas être trempés dans notre gourbi, de tendre
notre plafond des toiles de tentes. Comme nous somme
privés d'eau potable, pour nous rafraîchir, nous nou
offrons celle que le ciel nous fait la grâce de nou
envoyer. Que voulez-vous ? Le fameux parapluie d
l'escouade est toujours à l'état de simple poisso
d'avril.

L'intérieur de notre crèche n'est pas du dernier confortable, mais; à la guerre comme à la guerre. 20 centimètres de paille constituent notre couche; notre sac est le polochon; pour draps, nous avons notre culotte, et la couverture de campement complète notre literie. Je vous certifie que je n'aurais jamais cru que je m'y serais habitué aussi vite. Je me trouve actuellement, que ce soit dans la plaine, sous les hangars, à la pluie ou au vent, aussi bien que dans mon lit d'autrefois. Notre joie est quand nous pouvons dénicher un grenier pour dormir; cela nous fait l'effet d'un palais, et cela nous arrive quand nous avons la veine d'être mis trois ou quatre jours au repos.

La forêt présente actuellement l'image d'une mine, je dirais plutôt d'un village nègre. Il faut y être venu pour se donner une idée des transformations que le génie a fait subir à cet immense bois. Le malheur, c'est que les « marmites » boches défoncent souvent ces constructions.

Chaque sape a son nom. Nous avons les rues Pierre Iᵉʳ, George V, Marianne, Poincaré, Albert Iᵉʳ, Nicolas II, etc., etc. Des places publiques, mais pas de boulevards... ni de becs de gaz. Ce qui ne manque pas, ce sont les « commodités »; c'est toujours ça.

Nous avons fondé un Olympia, un grand cirque, le skating, il n'y manque que des patins. Ma cabane s'intitule « La Pie qui chante », directeur, Le Goï (c'est le nom de notre caporal). La troupe est composée des 11 hommes de l'escouade. Chacun a son rôle, chacun son surnom; moi, je suis Fineman; il y a parmi nous un membre du Cercle artistique de Rouen qui nous charme par son répertoire, Maurice Boucher, dit Mérial, jeune soldat de la classe 1914. La réclame est faite sur des boîtes à cigarettes qu'un artiste nous transforme en affiches multicolores. Le prix des places est à la portée de toutes les bourses : les fauteuils « réservés », 10 centimes; les premières debout, 5 centimes; les deuxièmes.... il n'y en a pas; alors, on se couche derrière les autres. Rideau à 8 h. 1/2 tous les soirs. Et, à 100 mètres des Boches, c'est un charivari à ne pas croire, orchestre avec coups de fourchettes sur les gamelles et les bouteilles, chansons de marches comiques, un peu pimentées pour qu'elles portent mieux : il faut bien rire.

(Cité par le *Journal de Rouen*.)

Ça va bien !

Mon cher papa,

Tu nous as souvent raconté qu'en 1870, devant le mur de Buzenval, tu étais allé chercher, avec ton ami de Bellefontaine, le corps d'un camarade tombé devant vous. Serrés l'un contre l'autre, le prenant chacun par un bras, vous l'aviez chargé sur vos épaules et ramené dans vos lignes, tandis que les Prussiens vous canardaient par les meurtrières du mur ; et tu te rappelais le bruit singulier que faisaient les balles dans le dos de votre pauvre camarade : flic, flac, floc...

Eh bien ! ça m'a donné une drôle d'idée... On s'embête dans les tranchées, on gèle des pieds, autant se remuer. J'ai, moi aussi, un bon copain qui n'a pas froid aux yeux. Un rayon de nos projecteurs m'avait fait repérer exactement le trou de la sentinelle la plus avancée de nos c... d'en face, à cent mètres de nous.

« Allons le cueillir, dis-je à mon camarade, ne blague pas, nous ferons comme papa. » J'avais mon idée. Je prends le marteau qui nous sert à enfoncer les pieux, et nous partons tous deux, revolver au poing. Terrain creusé d'ornières, et qui nous permet, en rampant, d'avancer très doucement, sans tapage.

J'y suis : voici mon homme. Sa tête dépasse un peu et, avant qu'il bouge, un bon coup sur la nuque qui l'étourdit. Nous le sortons et, comme convenu, serrés l'un contre l'autre, le prenant chacun par un bras, nous le traînons sur notre dos ; mais les Boches se remuent, ils nous tirent dessus... Tu as raison, ça fait un drôle d'effet, ce flic, flac, floc... dans le dos. En arrivant, notre capture n'était plus qu'une loque inerte. Embêtant, pour le capitaine qui aurait bien voulu interroger le Prussien et qui se met à nous engueuler pour avoir marché sans permission. Mais ce n'est pas tout ça, le sang me coule du... dos. Le major me fait coucher à terre, et au bout d'un moment, il me met une balle dans la main, qu'il vient de me cueillir dans le gras de la fesse, entre cuir et chair : cette balle avait traversé notre Boche de part en part. Je la garde comme souvenir; celui-là n'est pas banal...

Mais ce n'est pas tout. Voilà le major qui me dit : « Mon garçon, je vais te mettre là-dessus une pastille, car, si tu te maries, ta femme pourrait ne pas trouver ta blessure honorable... » Maintenant, les copains me blaguent : « Comment vas-tu aujourd'hui? peux-tu enfin t'asseoir? » Et voilà aussi le capitaine qui se met à rigoler et qui me dit : « Eh bien, mon petit, rapporte-m'en autant sur l'autre moitié et je te f... mon billet que je te ferai mettre quelque chose sur ta poitrine, qui rendra tes blessures très honorables... »

Ça va bien.

(Cité par le Petit Parisien.)

IV

COMMENT ILS SOUFFRENT

Ordre du colonel.

Vite, vite, le crayon court. Maintenant, il faut porter ce renseignement au plus tôt. Le vieux chef me regarde. Je ne bronche pas. Il tourne la tête, et, s'adressant au caporal D..., qui se trouve à son côté : « Portez ça au colonel. » J'entends la réponse, hésitante : « Je n'y tiens pas. » J'ai pris la main du père M..., puis la note : « Mon commandant, si je ne suis pas revenu dans une demi-heure, c'est que... » J'ai déjà sauté en arrière de la tranchée. C'est vrai que ça chauffe ! Ils m'ont aperçu... et me voyant filer, seul, ils ont deviné que j'ai une mission. Aussi les balles sifflent au point de me rendre sourd. Quelques-unes éclatent avec un petit bruit clair. Je cours tant que je peux... Me voici à 800 mètres de la ligne de feu et à 300 mètres environ de la maison en ruines où se tient le colonel. Je commence à respirer: Ouf ! Ce ne sera pas encore pour cette fois-ci. Je ralentis ma course, et je commence à respirer à l'aise. J'ai dépassé les tranchées où les territoriaux sont tapis, n'osant lever la tête...

Tout d'un coup, j'ai la sensation d'un grand coup de fouet reçu au travers du corps et je tombe sur les genoux. Je me relève et soudain je comprends : je suis touché. Une légère brûlure au dos et au ventre. Et puis l'air qui rentre par le trou... J'ai un peu envie de

rester là... Mais l'ordre que je porte est important...
Il faut qu'il arrive et de suite. Et puis, si je reste là,
les forces vont m'abandonner. Et personne ne me soi-
gnera... et je mourrai sans doute là. Je me redresse
et, m'appuyant sur mon fusil, je continue ma route en
courant. Je tombe sur les genoux encore trois ou
quatre fois : je ne sais plus. Comme c'est long, pour
faire ces 300 mètres ! Enfin, voici la maison. Le colonel
est sur le seuil de la porte. A 30 mètres de lui je crie,
aussi fort que je peux : « Mon colonel ! Les voilà qui
arrivent ! Vite ! » Et tout de suite après : « Je suis
blessé ». Le colonel se précipite. Il me prend sous les
bras et me relève, car j'ai dégringolé. Il me porte dans
la pièce qui lui sert de bureau. On me colle sur une
chaise. Le grand C..., le secrétaire du colonel, et les
téléphonistes s'empressent autour de moi, pendant
que le colonel lit la note qui me vaut ma blessure.
Cette fois, je suis fini... Mon sac et mon équipement
me semblent de plomb. On me les enlève. On me
déboutonne. Le froid me glace tout entier. Ma tête,
trop lourde, tombe en arrière. Il est fini, bien fini, tu
sais, le petit caporal-fourrier...

Pourtant il entend des voix lointaines... Le colonel
se demande « de quelle meule de paille le commandant veut parler ». Alors, le petit fourrier serre la
main du sergent V... de G..., le sergent porte-drapeau,
son ami. Le sergent se penche. Le petit caporal mur-
mure : « Le colonel... » On l'appelle. Il vient près de
moi qui déjà suis étendu sur un brancard avec lequel
on va me porter au poste de secours. — « Mon colonel... c'est la première meule de paille à droite, en
bordure de la route... » Déjà deux infirmiers ont mis
le brancard à hauteur de leurs épaules. J'entends une
voix qui me dit : « Merci, mon enfant... Au revoir,
mon enfant. » On me serre la main. Puis on m'em-
porte.

Je souffre... Enfin, on pose le brancard. Et je vois
comme à travers un brouillard les deux aide-majors.
Je comprends qu'ils causent très fort pour me donner
confiance. Mais le regard qu'ils ont échangé m'a fixé.
C'est grave. « Tiens, le petit M...! Lui qu'on a vu si

souvent se balader sur les lignes ! Si nous le connaissons ! » J'entends cela, faiblement. Et je vois, penchée sur moi, la figure de V... qui me dit : « Au revoir, mon vieux, va, ta guerre est finie. Tu as fait ce que tu devais faire ». Et puis, soudain, je sens que ma main est mouillée. Une autre voix, et un autre visage. C'est mon vieux camarade B..., celui dont la gaieté m'a soutenu. Il veux me dire quelque chose... Je lui dis : « J'en tiens... ça y est. Je suis fini... » Je me sens embrassé longuement... Puis, plus rien... on m'a piqué à la morphine...

(Cité par le Journal du Cher.)

« Il faut bien souffrir ! »

Après cinq mois de cette horrible guerre, quand on essaie de revivre ses impressions, quand on se rappelle les champs de bataille parcourus, l'on est tenté de remercier le bon Dieu de nous avoir confié ce nouveau ministère où il faut consoler ceux qui souffrent, réconcilier ceux qui meurent au champ d'honneur. Quel ministère consolant, mais combien navrant ! et comme à certaines heures on a le cœur gros ! Mais qu'il s'agisse de transporter les blessés ou de les consoler, soyez persuadé que nous tâchons de ne pas oublier « sous l'habit militaire le caractère sacré dont nous sommes revêtus. » Puis la Providence nous gâte bien : depuis plusieurs mois nous pouvons plusieurs fois par semaine, ou dire la sainte messe ou communier. C'est bien là le grand réconfort !

« Le dimanche, j'ai le bonheur d'assurer le service religieux dans une paroisse, voisine du cantonnement. On arrive le matin vers 6 heures 1/2 pour assurer les confessions et les communions, et comme les soldats qui cantonnent à C... sont de bons normands de chez nous, aux convictions solides, la piété y est édifiante. Le jour de Noël, à la grand'messe, un capitaine communiait avec une trentaine de ses hommes. Belle assistance aux offices, chants enthousiastes ; le Credo

est toujours chanté avec foi, puis nous avons les cantiques de circonstance. En résumé, quand on rentre le
dimanche soir, on est tout heureux de sa journée, et
on aime à faire une petite réunion de confrères où
chacun, de retour de sa mission, raconte ce qu'il a vu
et entendu, nous résume son instruction. Chacun est
d'accord sur ce point que la guerre. si affreuse, a tout
au moins le mérite d'avoir fait naître de grands sentiments dans les âmes. Quelle consolation nous donne
le ministère du confessionnal ! Si les Allemands ne
sont pas encore complètement battus, le démon, lui,
a essuyé bien des défaites.

« Puis quelle résignation devant la souffrance ! La
semaine dernière, je portais sur mon brancard un
jeune homme du 30ᵉ, le pauvre gâs avait été frappé
par un éclat d'obus qui lui avait enlevé une main et
cassé une jambe ; je lui promettais une bonne prière,
et comme je lui parlais de ses souffrances : « Mon
vieux, me dit-il, ça, c'est rien, il faut bien souffrir ! »

(Cité par la Semaine religieuse de Rouen.)

V

COMMENT ILS PRIENT

Lettres d'aumôniers.

Dès mon arrivée j'avais fait des démarches près des autorités militaires pour obtenir qu'on place des prêtres brancardiers comme aumôniers auxiliaires dans chaque bataillon. L'on m'avait toujours répondu que c'était une impossibilité. Enfin les circonstances aidant après plusieurs démarches infructueuses j'ai fini par obtenir la réalisation d'un rêve formé par moi dès le début de la guerre.

Maintenant dans notre division il y a dans quatre régiments trois prêtres par régiment, c'est-à-dire un par bataillon. C'est suffisant mais c'est nécessaire, chaque bataillon opérant isolément.

Il m'était impossible de remplir mon ministère près de tous les soldats d'une division, 16.000 soldats espacés sur un front de 20, 30, 40 kilomètres, c'est bien plus qu'il n'en faut pour un seul. La veille de certains engagements plus ou moins prévus, tous les soldats désirent approcher des sacrements. Les jours de repos le confessionnal est littéralement assailli.

Lorsque j'ai reçu l'autorisation de placer dans chaque bataillon un prêtre brancardier, je suis allé jusqu'aux tranchées porter la bonne nouvelle à mes chers soldats. Ce fut de leur part à tous une vraie joie de penser que désormais ils auraient un prêtre près de leurs tranchées pour les confesser.

Plusieurs fois nos aumôniers auxiliaires ont pu dire la sainte messe tout près des tranchées, préservés contre les éclats d'obus par un talus, c'était du courage de la part de l'aumônier, mais quelle consolation aussi pour les soldats chrétiens d'entendre la sainte messe dans des circonstances si périlleuses!

Non seulement les soldats sont contents mais nos chers aumôniers régimentaires le sont aussi et tous sans exception bénissent Dieu de leur permettre de faire du bien et beaucoup de bien à des soldats qui, sans leur présence seraient, même au moment de la mort, privés des secours religieux.

(Cité par l'Express de l'Ouest.)

*
* *

Dimanche dernier j'ai dit ma messe dans une carrière véritable catacombe; j'ai dû y aller dès le samedi pour y coucher. Après des agapes fraternelles en un réfectoire qui rappelle l'âge de pierre, je prenais mon repos sur un lit de paille excellent, lit supporté par quatre piquets, évitant ainsi les excursions irrévérencieuses des souris.

La messe fut dite au matin pour échapper à tout regard indiscret, car nos soldats venaient de différentes carrières voisines. En une vraie nef large et longue étaient nos hommes; l'autel composé de deux balles de paille régulières, blanches et dorées se détachait sur le mur taillé; la flamme d'acétylène projetait une lumière abondante. Des comparaisons venaient d'elles-mêmes; c'était bien le Christ de Noël sur la paille, venant malgré les batailles, apporter la meilleure paix au monde.

Enfin aux jours de grandes fêtes, nous donnons volontiers notre messe aux grands centres de notre vie militaire, en des églises remplies d'officiers et de soldats. Les officiers et les soldats pratiquants sont tombés si souvent sur les champs de batailles; leur élan a été si beau, leurs citations à l'ordre de l'armée si nombreuses que tous s'inclinent devant la manifestation sincère de leur foi qui les amène nombreux à la table sainte.

J'entends encore les applaudissements qui saluaient, au sortir d'une messe, la citation à l'ordre de l'armée d'un officier qui a depuis deux mois bouleversé les batteries allemandes, sans perdre un seul homme.

En chacune de ces visites dominicales, je confesse de vingt à quarante soldats. L'un d'eux en me quittant me disait : « Je suis content; mais je connais quelqu'un qui le sera autant que moi, c'est ma pauvre mère, quand je lui dirai ce que je viens de faire; c'est la meilleure étrenne qu'elle puisse recevoir. »

J'entends encore les appels d'un de nos artilleurs en retard, me poursuivant, faisant plus d'un kilomètre sur des chemins affreux, alors que j'allais visiter une batterie au fond d'un bois. « Monsieur l'aumônier, me dit-il, je vais demain au front, je voudrais faire un petit nettoyage. »

Combien ont fait ce serment : « Si Dieu me conserve la vie, je ne laisserai plus ma famille prier seule. Je pratiquerai avec elle. C'est un devoir, ce sera une dette. »

Pieuses larmes.

Ma bien chère J...,

Je t'écris toujours du même endroit, l'aumônier a dit la messe dans la grange de la ferme où est cantonnée la 11ᵉ compagnie.

Les quelques paroles que nous a dites l'aumônier en nous demandant de prier pour nos camarades morts au champ d'honneur et pour leurs familles; pour que Noël soit un jour heureux pour toute la France, en étant un jour de succès pour nos armées : le décor qui, par le rapprochement de l'étable de Bethléem rappelait que Notre-Seigneur est vraiment l'ami de ceux qui souffrent et qui se sacrifient, ont donné à cette cérémonie un caractère de si émouvante simplicité que je n'ai pu m'empêcher de verser quelques larmes et je t'assure que je n'ai pas été le seul à être profondément ému.

Je suis heureux de vous sentir tous vaillants et je
souhaite que toutes les familles françaises acceptent,
d'un cœur vaillant, de voir durer encore quelque temps
la guerre, plutôt que d'accepter une paix boiteuse,
comme semblent le redouter quelques journaux, paix
qui laisserait en suspens la question de la suprématie
allemande et qui nous amènerait prochainement une
nouvelle guerre.

Il ne faut pas craindre vous qui êtes capables d'avoir
une influence, de prêcher autour de vous pour que la
guerre ne cesse pas avant que le militarisme prussien
ait complètement abdiqué.

Il ne faut pas se laisser aller à une fausse sentimen-
talité qui nous conduirait à accepter une paix trop pré-
caire qui risquerait dans l'avenir de nous coûter plus
cher que la guerre actuelle.

(Cité par le Petit Dauphinois.)

Funérailles au front.

J'ai profité de mes séjours dans les villages pour
assister aux services religieux que notre aumônier
organise supérieurement. Il a été nommé chevalier
de la Légion d'honneur, et cela fait très bien sur la
poitrine d'un prêtre.

Tu ne peux t'imaginer combien sont impression-
nantes ces cérémonies religieuses à quelques kilomètres seulement du front. Figures-toi l'intérieur d'une
église de village, vieille de plusieurs siècles, aux
voûtes basses, faiblement éclairée. Là dedans, 600 soldats, pressés les uns contre les autres, chantant le
Magnificat, les yeux au ciel, dans une ardente conviction, avec un ensemble merveilleux. Vraiment, on
dirait qu'un souffle de foi passe sur la patrie devant les
dangers de l'heure présente. Ces chants je les enten-
drai toute ma vie; ce sera un des plus beaux souvenirs
que je garderai de la campagne. Autour de moi, chan-
taient des officiers, de simples soldats, ouvriers des

villes, cultivateurs citadins de X..., dont la physionomie m'était connue; des sous-officiers qui, naguère juraient comme des païens et qui, maintenant, donnaient toute leur voix, les mains jointes sur la poitrine, pour implorer le Seigneur, et le supplier de nous donner la victoire. Quel tableau pour un artiste! Quel beau sujet de littérature! Quel superbe thème pour un prédicateur! Avec leurs barbes hirsutes, leurs vêtements usés, fripés, maculés de boue, tous ces soldats n'avaient rien du Dumanet du temps de paix; ils ressemblaient à des apôtres, à des êtres venus de loin, après de dures épreuves; je songeais aux premiers chrétiens chantant des cantiques dans l'obscurité des catacombes avant leur martyre. Certes, cette guerre nous rendra meilleurs.

Quoi de plus touchant, par exemple, que l'inhumation de ce sous-officier tué avant-hier dans sa tranchée! Naturellement, il faut attendre la tombée du jour pour procéder à la cérémonie. Préalablement, quelques soldats sont venus me demander à quel endroit je désirais que le sous-officier fût enterré. Je désigne l'emplacement; ce sera ici, contre le talus de la route, au pied de ce grand sapin qui servira de point de repère si, plus tard, les parents veulent retrouver le corps de leur fils. Alors, dans le jour qui tombe, les piocheurs se mettent à l'ouvrage; l'excavation est faite; on y jette de la paille pour que le lit soit plus doux. On apporte le corps qu'on a retiré de la tranchée; des soldats, précédés de leurs officiers, l'accompagnent. Salut militaire des officiers et des soldats à leur chef de bataillon.

On dépose le corps à terre. Le capitaine se découvre, les soldats aussi. Le capitaine demande à un soldat de dire une prière. Tous se signent alors. Je me mets à genoux devant le corps et, pendant que le petit soldat dit le « Notre Père qui êtes aux cieux », la prière de son enfance, la seule qu'il ait retenue mais qu'il récite avec une émotion qui vous remue, je demande au Bon Dieu, pour ce brave mort au champ d'honneur, la paix éternelle. La prière est finie. Je me penche sur le cadavre et le baise au front. J'entends, autour de moi, des hommes qui sanglotent. Puis le capitaine commande à voix basse, car il ne faut pas éveiller l'attention de l'ennemi : « Présentez armes ! » Les assistants font alors le cercle ; on couche l'homme dans la tombe ; chacun, à son tour, prend un peu de terre et la jette sur le corps en se signant. On plante la croix. Je me retourne avec mes hommes, je leur serre la main et chacun part de son côté. C'est chaque fois ainsi, quand l'ennemi nous laisse le temps de procéder à cette touchante cérémonie.

Ah ! mon cher frère, combien cette guerre m'a appris de choses, et comme elle m'a fait comprendre le peu que nous sommes !

(Cité par l'Echo de Paris.)

Messe de minuit.

Le jour de Noël, je suis allé à la messe de minuit ; jamais je n'oublierai cela. Nous avions quitté les tranchées le soir même. Imagine comme cadre, un village d'une centaine de maisons en ruines, bordant une rue quelque peu tortueuse. Il est 11 h. 30 du soir ; la lune éclaire parfaitement ce paysage qui a revêtu sa parure d'hiver. De temps en temps, les détonations des fusils et des canons (les tranchées bordent le village), troublent le silence de la nuit. Nous allons, quelques camarades et moi, nous marchons en silence, impressionnés malgré tout, par la gravité de l'heure présente. Quelques groupes se joignent à nous ; un soldat nous fait signe que c'est là. Tels les premiers Chrétiens, au temps de la persécution romaine, nous nous engouffrons dans une cave ; c'est là en effet que s'est caché l'autel, il faut bien ménager nos existences. Etabli sur une table recouverte d'une serviette immaculée et garnie de flambeaux, le tabernacle brille d'un magnifique éclat. Nous sommes là deux cents environ, debout et recueillis ; la messe commence, nous la suivons tous avec ferveur. Tout à coup, un chant s'élève : « Minuit, chrétiens, c'est l'heure solennelle. » Emus plus qu'ils ne voudraient paraître, beaucoup d'entre nous versent des larmes et c'est à grand'peine que d'une voix un peu retenue nous chantons le : « Peuple à genoux » du refrain. La messe s'achève et après quelques mots de notre brave aumônier, nous regagnons nos caves. Comme s'ils n'avaient attendu que cela, les canons se mirent à tonner avec fureur et c'est bercé par ce fracas que je pus achever ma nuit dans un sommeil plein de quiétude. Non, jamais je n'oublierai ce Noël-là.

(Cité par le Journal des Débats.)

Prisonniers au camp de Grafenwohr.

Ma vie ici ? Très calme et trop monotone. Lever à 5 heures ; au sortir de la paille, on va boire son café et toucher son morceau de fromage ou de charcuterie pour le repas de midi. Puis, suivant les jours, on reste au camp, ou l'on part en corvée, pour scier des arbres, arracher des racines, empierrer des routes ou dessécher des marécages. En ma qualité de sous-officier, j'ai à surveiller le travail. Retour au camp vers 4 heures, et immédiatement souper. Menu invariable : soupe, quelques pommes de terre bouillies et un peu de viande de porc. On va se coucher à la tombée de la nuit.

Les loisirs ne nous manquent pas. Pour les occuper et, du même coup, aider à la fuite du temps, j'ai entrepris d'apprendre la langue de Gœthe et de Schiller ; j'ai pu me procurer une méthode assez pratique et je complète l'étude théorique par des essais de conversation avec les uns et les autres.

Les causeries occupent aussi de longs instants de nos journées.

Si absorbante soit l'étude, si longues les causeries, il reste encore assez de temps à la pensée pour se reporter vers la France dont nous ignorons la situation exacte et vers la famille dont nous attendons avec impatience des nouvelles. Je vous suis à peu près jour par jour. heure par heure.

Il est l'heure où d'habitude nous nous réunissons dans la chapelle de la Blaquière pour le petit exercice de l après-midi ; je quitte mon crayon pour m'unir mentalement à vous. À Dieu. »

La Toussaint. Triste journée de fête que celle d'aujourd'hui ! A mille kilomètres de la famille, sans nouvelles depuis deux mois et demi, incertains sur la durée de cette captivité qui va devenir plus pénible à mesure que l'hiver avancera... tout cela n'est pas gai !

Une consolation nous a été accordée. Ce matin, à 8 h. 30 on a rassemblé tous les prisonniers du camp. — 10.000 hommes environ, — devant le petit cimetière français où sont enterrés nos frères d'armes morts en captivité et qui compte déjà deux cents tombes. Et là, dans le cadre que nous faisaient les grandes forêts sombres de Bavière, la messe a été dite en plein air, par un prêtre français prisonnier, avec chants liturgiques et cantiques ! Après l'Evangile, sermon ; puis défilé par quatre...

(Cité par la *Semaine religieuse* d'Aix.)

VI

COMMENT ILS MEURENT

La mort de Charles Péguy.

La 55e division de l'armée de Paris, dont mon régiment, le ...e, faisait partie, se trouvait le 5 septembre au matin à la gauche de l'armée qui venait de recevoir enfin l'ordre général d'offensive « se faire tuer plutôt que reculer ! » En face de nous, sur les collines boisées qui s'étendent de Dammartin à Meaux, les « boches » de von Kluck qui nous suivaient pas à pas dans notre terrible retraite, depuis Roye, étaient à l'affût, invisibles, terrés dans leurs tranchées comme des bêtes sournoises.

Sous une chaleur torride, le bataillon faisait une courte halte dans le coquet village de Nantouillet. Assis sur une pierre, comme nous blanc de poussière, couvert de sueur, la barbe broussailleuse, les yeux pétillant derrière ses lorgnons, je vois encore notre cher lieutenant, le brave Charles Péguy, l'écrivain, le poète, que tous nous aimions comme un ami, qui en Lorraine comme pendant la retraite, insensible à la fatigue, brave sous la mitraille, allait de l'un à l'autre, encourageant par la parole et l'action, courant de la tête à la queue de notre compagnie (la 19e), mangeant comme nous un jour sur trois, sans une plainte, toujours jeune malgré son âge, sachant le parler qui convenait aux Parisiens que nous étions pour la plupart, relevant d'un mot bref tantôt mordant, tantôt ironique

ou gouailleur, les courages défaillants, toujours vaillant.
prêchant d'exemple ; je revois encore notre cher lieutenant, nous disant, à l'heure où beaucoup désespé-
raient, sa conviction absolue de la victoire finale, tout
en relisant avidement une lettre des siens tandis qu'une
larme de plaisir mouillait ses yeux.

Une heure après (il était midi) nous arrivions près
du petit village de Villeroy, à gauche de Meaux, où le
bataillon devait cantonner. L'accueil que nous y
reçumes ne fut pas celui que nous attendions, les
Prussiens qui occupaient la crête du village nous
accueillirent par une canonnade terrible qui jeta un
moment de désarroi dans nos rangs. Bravement, sous
les shrapnells et les percutants, nos 75 se mirent en
batterie et s'ils furent passablement éprouvés au début
de l'action, quatre heures après, nos canonniers avaient
imposé un silence complet aux batteries prussiennes.

Pendant ce temps, le bataillon prenait sa formation
de combat et la compagnie se déployait en ligne de
sections par 4, la section Péguy tenant la droite.

Abrités derrière un repli de terrain évacué par les
boches, nous attendions, sous les obus mal repérés de
l'ennemi, le moment de partir à l'assaut de ses retranchements, assaut déjà tenté vainement par les tabors
marocains. L'ordre vint enfin, et, joyeux, nous par-
tîmes en avant, déployés en tirailleurs. Il était 5 heures,
l'artillerie allemande, foudroyée, s'était tue ; mais, en
arrivant sur la crête, une terrible grêle de balles nous
accueille ; nous bondissons dans les avoines emmêlées,
où beaucoup tombent ; la course est pénible. Un bond
encore, et nous voilà abrités derrière le talus d'une
route, haletants et soufflants. Les balles sifflent à ras
de nos têtes ; nous tiraillons à 500 mètres sur les Allemands bien retranchés et presque invisibles dans leurs
uniformes couleur terre. La voix jeune et claironnante
du lieutenant Péguy commande le feu ; il est derrière
nous, debout, brave, courageux sous l'averse de
mitraille qui siffle, cadencée par le tap-tap infernal des
mitrailleuses prussiennes.

Cette terrible course dans les avoines nous a mis à
bout de souffle, la sueur nous inonde et notre brave

lieutenant est logé à notre enseigne. Un court instant
de répit, puis sa voix nous claironne : « En avant ! »

Ah ! cette fois, c'est fini de rire. Escaladant le talus
et rasant le sol, courbés en deux, pour offrir moins de
prise aux balles, nous courons à l'assaut. La terrible
moisson continue, effrayante ; la chanson de mort bour-
donne autour de nous. 200 mètres sont ainsi faits ;
mais aller plus loin pour l'instant, c'est une folie, un
massacre général, nous n'arriverons pas 10 ! Le capitaine Guérin et l'autre lieutenant, M. de la Cornillière,
sont tués raides. « Couchez-vous, hurle Péguy, et feu
à volonté ! » mais lui-même reste debout, la lorgnette
à la main, dirigeant notre tir, héroïque dans l'enfer.

Nous tirons comme des enragés, noirs de poudre, le
fusil nous brûlant les doigts. A chaque instant, ce sont
des cris, des plaintes, des râles significatifs ; des amis
chers sont tués à mes côtés. Combien sont morts ? On
ne compte plus.

Péguy est toujours debout, malgré nos cris de :
« Couchez-vous ! », glorieux fou dans sa bravoure. La
plupart d'entre nous n'ont plus de sac, perdu lors de
la retraite, et le sac, à ce moment, est un précieux
abri. Et la voix du lieutenant crie toujours : « Tirez !
Tirez ! Nom de Dieu ! » D'aucuns se plaignent : « Nous
n'avons pas de sac, mon lieutenant ; nous allons tous y
passer ! » « Ça ne fait rien ! crie Péguy dans la tempête
qui siffle. Moi non plus, je n'en ai pas, voyez, tirez toujours ! » Et il se dresse comme un défi à la mitraille,
semblant appeler cette mort qu'il glorifiait dans ses
vers. Au même instant, une balle meurtrière fracasse
la tête de ce héros, brise ce front généreux et noble. Il
est tombé sans un cri, ayant eu, dans le recul des barbares, l'ultime vision de la victoire proche ; et quand,
100 mètres plus loin, je jette derrière moi un rapide
coup d'œil alarmé, bondissant comme un forcené,
j'aperçois là-bas comme une tache noire au milieu de
tant d'autres, étendu sans vie, sur la terre chaude et
poussiéreuse, le corps de ce brave, de notre cher lieutenant.

(Cité par M. Maurice Barrès, Écho de Paris).

La mort de l'aviateur Reymond.

A l'heure où j'écris, le pauvre sénateur Reymond est mourant, s'il n'est déjà mort. Hier il partait de N..., à deux heures un quart, avec l'adjudant C..., pour faire une reconnaissance. Il passait au-dessus du bois de M..., occupé par les Allemands, à la lisière duquel se profilaient les tranchées françaises et ennemies, distantes de 200 mètres les unes des autres, lorsque l'adjudant G..., qui volait au-dessus de lui, vit l'appareil de Reymond accomplir deux spirales, puis descendre pour atterrir normalement.

Aussitôt, l'ennemi se rue hors de ses abris et tire sur l'avion. Les nôtres s'élancent à leur tour et presque à bout portant fusillent les agresseurs. Un combat sanglant s'engage, tandis que l'autre avion français, avec l'adjudant G... et son observateur, le lieutenant F..., s'efforce de détourner sur lui les coups de l'ennemi. Dès les premières balles, l'adjudant est tué. Reymond, blessé, fit le mort pendant quatre heures, puis, à la faveur de la nuit, malgré sa blessure, malgré son âge, il se dégagea de l'appareil, et en rampant, gagna nos lignes, d'où il fut immédiatement transporté à l'hôpital de Toul.

C'est là que j'allai le voir dès le matin. Il avait pleine connaissance. Toute intervention chirurgicale était impossible, les reins et les intestins étant perforés ; mais malgré son état il avait gardé son joli sourire d'homme aimable et bienveillant. « Il faut télégraphier à ma femme pour la faire venir », me dit-il d'abord. Puis il se reprit : « Non, ce n'est plus la peine, la mort ira trop vite et il sera trop tard. » Il réclama alors un peu de morphine, me serra la main ainsi qu'à mon capitaine, et il parut s'endormir. Il restait étendu sur son lit, les yeux clos ; de temps à autre son corps était agité de soubresauts. Alors il nous regardait et il s'efforçait de sourire. Avant de partir, je contemplai longuement celui qui fut si bon pour nous ; je voulais emplir mes yeux de son image. Quand je l'eus quitté, je pensai à toutes ses bontés. J'avais eu l'honneur et le bonheur de l'avoir comme soutien et comme guide dès le début de la guerre. Chaque matin, me serrant la main, il me réconfortait d'une bonne parole. A son âge et grâce à sa haute valeur, il eût pu être chef de service dans un hôpital, mais il ne le voulut point, tant son âme était restée jeune, tant était fort son amour de l'aviation. Je garde de lui un souvenir ineffaçable de droiture et de courage ; sa belle mort n'aura pas été inutile parce que, pour chacun de nous, elle reste comme un exemple.

(Cité par Le Temps.)

Le sergent Chouillet.

Madame, chère Madame,

Que votre âme de chrétienne se prépare à recevoir la terrible épreuve qu'il a plu au Seigneur de vous envoyer.

Mon excellent, mon cher camarade, le sergent Jacques Chouillet est mort face à l'ennemi, en brave, le dimanche 11 octobre, tombé sur la route d'Arras à Béthune, sur le territoire de la commune de Nœux-les-Mines (Pas-de-Calais) à 500 mètres environ de la dite commune, direction d'Arras.

A cet endroit une pluie d'obus s'est abattue sur la compagnie ; le sergent Chouillet, à son poste, assurait la direction du repli de nos camarades quand frappé par un éclat il s'est affaissé ; un gros morceau d'acier venait de traverser son cœur de bon Français ; il expira aussitôt.

Nous l'avons relevé et presque aussitôt transporté à la mairie de Nœux où, après reconnaissance du décès, il fut inhumé pieusement au milieu des larmes de tous les camarades de la compagnie.

Son corps repose donc dans le cimetière de Nœux-les-Mines et plus tard vous aurez la suprême consolation de pouvoir aller vous agenouiller sur sa tombe. Ses papiers, lettres, objets intimes, argent, ont été remis par le signataire de la présente à M. le Maire

de la *commune de Nœux-les-Mines* qui vous les fera
parvenir sous peu ; j'ai conservé le carnet de notre
excellent ami et je me propose, s'il plaît à Dieu, d'aller
vous le remettre avec mes hommages à notre retour
dans nos foyers.

Heureux ceux qui meurent dans le Seigneur.

J'ai eu le très grand plaisir et l'honneur de faire la
connaissance de votre cher époux ici au régiment,
dans les terribles journées que nous subissons : sa dis-
tinction, ses sentiments élevés, son courage et son
abnégation lui avaient valu l'estime et la reconnaissance des nôtres.

Toujours au devoir, toujours prêt au péril, aimant
sincèrement ses hommes, je l'avais ainsi que tous
remarqué. Nous étions amis et, quoique de religion
différente, je n'ai cessé d'admirer la force que la foi du
Christ avait déposée dans son âme protestante. Que
les espérances éternelles de la foi soient votre suprême
réconfort, chère Madame, et puisez dans le culte de la
mémoire de notre cher camarade la résignation et
aussi l'orgueil d'avoir été la compagne de sa vie et sa
dernière pensée au moment de l'adieu. Adieu passager
pour les âmes qui, j'en suis convaincu avec votre cher
défunt, se retrouveront dans un monde meilleur.

Le sergent Chouillet a fait son devoir de soldat, de
bon Français, mais il est mort sans colère et sans
haine : il nous reste à tous, Madame, à le garder dans
notre cœur et à l'imiter, pour la patrie.

Adieux de héros.

Chers parrain et marraine,

Je vous écris à vous, pour ne pas tuer maman qu'un
pareil coup surprendrait trop.

J'ai été blessé le 29 septembre devant Saint-Hilaire-
le-Grand. J'ai deux blessures hideuses et je n'en ai pas
pour bien longtemps. Les majors ne me le cachent
même pas.

Je pars sans regret, avec la conscience d'avoir fait mon devoir.

Prévenez donc mes parents le mieux que vous pourrez ; qu'ils ne cherchent pas à venir à Suippes, ils n'en auraient sûrement pas le temps.

Adieu, cher parrain, chère marraine, chers parents, chers cousins, vous tous que j'aimais.

Vive la France !

L. BOUNY.

(Cité par Le Temps.)

* * *

Mes petites sœurs,

J'ai rédigé ces quelques mots pour qu'ils vous soient remis si je meurs.

Nous allons attaquer ; les chances de mort sont grandes pour celui à qui revient l'honneur d'entraîner les hommes à l'assaut.

Que vous dirai-je, mes petites, qui ne vous ait été dit par maman ? Que ses instructions vous demeurent présentes, elles sont aussi les miennes. Travaillez à vous unir, le fardeau de la vie vous paraîtra moins lourd et attendez avec confiance l'aube de la vraie vie.

N'oubliez pas le grand frère qui est mort en soldat pour perpétuer dans la famille la tradition du devoir accompli sans faiblesse, et, si vous avez un jour des enfants, évoquez ma lointaine mémoire. C'est une des misères de l'humanité que ce besoin de se revivre à soi-même sur la terre.

Et que Dieu vous garde, vous et ceux qui pourront naître de vous. Je veillerai sur vous quand j'aurai rejoint maman et papa.

Je vous aime bien, mes petites sœurs.

GEORGES

(Cité par la Croix de Provence.)

* * *

Prière à celui qui trouvera sur moi ce papier, le jour

où je ne serai plus, de l'envoyer à l'adresse suivante :

Madame veuve X..., à X..., par X..., France.

Mes chers enfants X... et X...

Je suis, depuis le début de la guerre à cette date, 11 novembre 1914, en parfait état de santé; voyant la partie que nous engageons assez périlleuse, je profite d'un moment de répit pour tracer ces quelques lignes, qui ne sont pas destinées à vous effrayer : car, soyez-en certains, votre bon papa, qui a déjà dû tant souffrir, sera mort quand vous aurez l'occasion de lire ce papier.

Mais, mort en vrai Français, en bon Français en sauvant l'honneur de la Patrie, votre honneur à vous aussi celui de tous les nôtres et en même temps pour le Pays, mort comme tout bon Français doit mourir lorsque, comme en ce moment, la Patrie est dangereusement envahie et souillée par des misérables qui nous bombardent et nous massacrent journellement.

Priez chères petites. — Vous savez combien je vous aime, quoique absent je ne vous abandonne pas, je serai toujours avec vous.

Ce que je vous recommande surtout, mes chères enfants, c'est d'être gentilles avec tout le monde, bonnes pour vos parents et, surtout, ce que je vous recommande plus particulièrement encore, c'est de veiller à ce que l'on ne fasse pas de misères à votre Mémé, la vraie maman de votre père, qui, comme lui, a beaucoup souffert. Aussi, s'il le fallait un jour, chères petites, sachez souffrir aussi et porter fièrement et glorieusement le nom de votre bon papa, mort en défendant son pays.

Fait en Belgique, le 11 novembre 1914, dans une tranchée de Bœsinghe.

Votre papa qui cependant vous aime beaucoup mais qui, s'il le faut, donnera vaillamment sa vie.

X...

Né à X,.., le ...

Priez pour moi.

(Cité par le *petit Parisien*.)

VII

COMMENT ON LES PLEURE

Lettre de mère.

Monsieur,

Je vous remercie très sincèrement de la lettre que vous avez bien voulu m'écrire. Merci surtout du soin que vous avez pris de m'annoncer avec tant de ménagements délicats la terrible nouvelle qui m'accable...

Dans ce malheur effroyable, une grande consolation me reste. Pendant dix-sept ans, j'ai disputé mon fils à toutes sortes de maladies. J'avais pu l'arracher à la mort à force de soins constants. Je suis profondément fière d'avoir réussi à le conserver pour lui permettre de mourir pour la Patrie. Là est ma grande consolation...

(Cité par le Temps.)

Lettre d'épouse.

Paris, le 17 novembre 1914.

Monsieur le commandant,

Je vous remercie bien sincèrement de la part que vous venez prendre à ma grande douleur et vous suis

reconnaissante de m'avoir fait parvenir la mort glo-
rieuse de mon cher disparu.

Je vous dirai aussi que de savoir qu'il est mort
comme tout Français doit mourir met un peu d'apaise-
ment à mon grand chagrin, et vous pouvez être sûr que
si sa tâche à lui est terminée en mourant pour notre
mère patrie, la France, que moi, sa compagne, je
n'aurai qu'un seul but à mon tour, c'est de faire de ses
deux petites filles des femmes dignes de futurs Français et saurai, dans l'avenir, leur apprendre à vénérer
leur papa.

Sachez aussi, monsieur le commandant, que nous
ne pouvons, si nous en souffrons, qu'admirer son geste,
car s'il fallait, à l'heure qu'il est, un régiment de femmes
c'est par mille que l'on pourrait compter leurs enrôle-
ments. moi en premier.

Recevez donc, Monsieur, mes sincères remerciements
et grand respect.

La femme d'un brave,

MARCELLE PHILIPPE.

TABLE

ÉVREUX, IMPRIMERIE CH. HÉRISSEY